FACULTÉ DE DROIT DE L'UNIVERSITÉ

DES FONDS DE COMMERCE

LEUR MISE EN GAGE

LEUR VENTE

THÈSE POUR LE DOCTORAT

L'ACTE PUBLIC SUR LES MATIÈRES CI-APRÈS

Sera soutenu le mardi 21 mars 1899 à une heure.

PAR

EDMOND NANTET

Avocat à la Cour d'appel

<table>
<tr><td>Président :</td><td></td><td>M. LYON-CAEN, professeur,</td></tr>
<tr><td>Suffragants</td><td>{</td><td>MM. RENAULT, professeur,
THALLER, professeur.</td></tr>
</table>

LAVAL

IMPRIMERIE PARISIENNE

L. BARNÉOUD & Cⁱᵉ

8, RUE RICORDAINE

1899

THÈSE

POUR

LE DOCTORAT

FACULTÉ DE DROIT DE L'UNIVERSITÉ DE PARIS

DES FONDS DE COMMERCE

LEUR MISE EN GAGE

LEUR VENTE

THÈSE POUR LE DOCTORAT

L'ACTE PUBLIC SUR LES MATIÈRES CI-APRÈS

Sera soutenu le mardi 21 mars 1899 à une heure.

PAR

EDMOND NANTET

Avocat à la Cour d'appel

Président .   M. LYON-CAEN, *professeur,*
Suffragants } MM. RENAULT, *professeur,*
           THALLER, *professeur.*

LAVAL

IMPRIMERIE PARISIENNE

L. BARNÉOUD & Cie

8, RUE RICORDAINE

1899

A LA MÉMOIRE DE MA MÈRE

A MON PÈRE

NOTIONS HISTORIQUES

A Rome, l'exercice du commerce n'était entouré d'aucune considération. Les lois applicables aux marchands étaient restrictives et sévères (1). Au début, l'on ne trouve que des établissements commerciaux de peu d'importance : Les boutiques *(tabernœ)* étaient en planches.

Plus tard, lorsque le commerce s'est un peu développé, les établissements commerciaux prennent une importance beaucoup plus considérable. Celui qui est propriétaire de la maison et des marchandises qui la garnissent fait alors gérer son commerce par un préposé, esclave, affranchi, ou homme libre de situation très inférieure.

Du reste, de nombreuses maisons de commerce appartenaient à des corps de marchands, à des églises, à des monastères, à l'empereur lui-même (2).

Lorsque l'établissement commercial appartenait à

1. *Code*, Liv. IV, tit. 63, loi 3.
2. Levasseur, *Histoire des classes ouvrières*, t. I, p. 35 et suivantes.

Nantet   1

une personne faisant partie d'un collège ou d'une corporation privilégiée, les réglements de ces associations portaient très souvent que le commerçant devait faire agréer son successeur par le collège lui-même, et que ce successeur devait être l'un de ses parents. La boutique et les marchandises qui la garnissaient se conservaient ainsi dans la même corporation et dans la même famille.

D'ailleurs, le lien qui unit au point de vue juridique les marchandises au lieu où le commerce est exercé n'avait pas échappé aux jurisconsultes romains. Nous n'en citerons pour preuve que la loi 34, au Digeste, *de pignoribus et hypothecis* : « Un débiteur donne sa boutique en gage à un créancier ; on demande si ce gage n'a aucun effet, ou si, par l'expression de boutique, il faut entendre que le débiteur a voulu engager les marchandises qui s'y trouvent. Et, d'autre part, dans l'hypothèse où le débiteur aurait vendu les marchandises existant lors de l'engagement, et les aurait remplacées au fur et à mesure, on demande si, après la mort de ce débiteur, le créancier peut intenter l'action afférente à sa garantie pour se payer sur tout ce qui se trouve dans la boutique, quoi que ce ne soient plus les mêmes marchandises, quoiqu'on en ait introduit d'autres depuis le contrat. Et le jurisconsulte Scevola répond qu'à son avis toutes les marchandises qui se trouvent dans la boutique au temps de la mort du débiteur sont engagées au créancier. »

Il est probable que, d'après ce texte, la boutique elle-même n'appartenait pas au débiteur ; mais on y voit que les marchandises forment un bloc, une unité parfai-

tement distincte des éléments qui la composent, un stock
qui, dans ces conditions, peut être donné en gage, tel
qu'il existera dans le lieu qu'envisageait l'engagement
primitif. Cependant on ne peut pas dire qu'à Rome les
jurisconsultes aient nettement dégagé la notion des fonds
de commerce.

En Gaule, les invasions barbares, la domination fran-
que et le régime de la féodalité pure qui se sont succédés
au début de notre ancien droit, ont créé en fait une situation telle qu'il a été à peu près impossible au commerce de prendre un développement sérieux. Il nous faut
donc arriver immédiatement au moment où la féodalité
entre en décadence, où le pouvoir royal reprend le
dessus, où les communes importantes tendent à s'affran-
chir du joug des seigneurs, et où les corporations se
reconstituent.

Dès le douzième siècle, les maisons de marchands se
multiplient dans les villes, chaque genre de commerce
s'exerçant dans une rue particulière.

Au treizième siècle, les corporations s'organisent définitivement. Les corps de métiers ont leurs statuts. Le
livre des métiers est rédigé, à Paris, par le prévôt
Etienne Boileau.

La réglementation excessive dont l'exercice du commerce, surtout du petit commerce, était l'objet, empêcha
le développement de maisons industrielles pouvant avoir
par elles-mêmes une certaine importance ; en sorte qu'à
ce moment on peut dire que la boutique est simplement
l'endroit où sont placées les marchandises et où loge le
commerçant. Mais la situation de cette boutique, sa no-

toriété, son enseigne, la clientèle qui a coutume de s'y porter, ne semblent pas avoir une valeur particulière et distincte.

Il importe de remarquer ici que la vente des produits fabriqués avait surtout lieu dans les foires et marchés (1), ce qui a naturellement pour effet d'enlever la valeur à ce que nous appelons aujourd'hui *le fonds de commerce*.

A partir du dix-huitième siècle, les règles du commerce ont été mieux fixées et uniformisées.

L'organisation compliquée des corporations restreint la liberté de fabriquer et, par suite, empêche la prospérité et même la création d'établissements commerciaux et industriels pouvant avoir une valeur propre, indépendamment de celle des marchandises qui les garnissaient.

Ajoutons que les difficultés considérables que les réglements corporatifs faisaient surgir lorsqu'un commerçant voulait céder son établissement, diminuaient encore la valeur cessible de celui ci.

En ce qui concerne la grande industrie, on sait que les manufactures importantes, d'ailleurs rares, n'existaient qu'à la faveur de privilèges temporairement concédés par le roi et révocables à son gré ; ce qui enlevait presque toute valeur à l'établissement considéré en lui-même.

Nous pouvons donc conclure que dans tout notre ancien droit, si l'on admet bien l'existence d'un *fonds de boutique* comprenant les marchandises courantes, le

_____

1. Dans chaque foire importante, les marchands en gros et les communautés possédaient des magasins ou entrepôts qui sont appelés *fondes* ou *fondègues*.

fonds de caisse et l'outillage, toutes choses matérielles, on ne reconnaît pas l'existence du véritable fonds de commerce, c'est-à-dire de celui qui, outre ces choses matérielles, comprendra avant tout des éléments incorporels comme la clientèle, l'achalandage et le droit au bail.

La Révolution supprima les entraves mises au libre exercice du commerce. Le fonds de boutique tendit à se transformer en fonds de commerce dont l'aliénation comprenait désormais à la fois l'aliénation de la propriété physique qui comprend les instruments d'exploitation et l'aliénation de la propriété morale qui comprend l'achalandage et la possession de la confiance publique.

Mais ce n'est que dans la première moitié de ce siècle que nous voyons apparaître, tant en doctrine qu'en jurisprudence, l'expression *fonds de commerce* (1), qui servira désormais à désigner un ensemble de choses, les unes matérielles, les autres incorporelles.

Nous avons à rechercher maintenant quelle est la nature juridique de cet ensemble que l'on appelle aujourd'hui fonds de commerce. Cette recherche devra être naturellement précédée de l'étude des éléments divers qui le composent.

Nous nous proposons d'examiner quelle est actuellement la nature juridique des fonds de commerce. Puis

1. Le terme « fonds de commerce » apparaît pour la première fois dans un jugement du tribunal civil du Doubs, le 26 fructidor an VII. Mais ce n'est pas encore l'expression courante ; on emploie plutôt les mots « fonds de boutique » : Georges Hartmann, *Introduction historique au Traité de M. Lèbre*, p. 8.

nous déterminerons, dans une seconde partie, à quelles conditions est soumise la constitution en gage d'un fonds de commerce.

Enfin, nous nous demanderons quelles sont les règles générales qui président à leur vente.

Dans les développements que nous fournirons sur ces points, nous nous attacherons surtout à voir si les intérêts des tiers sont sauvegardés d'une manière suffisante, et si la publicité qui entoure la mise en gage et la cession donne assez de garanties pour qu'il n'y ait pas lieu de souhaiter en notre matière une réforme législative.

PREMIÈRE PARTIE

NATURE JURIDIQUE DES FONDS DE COMMERCE

CHAPITRE PREMIER

DES ÉLÉMENTS QUI COMPOSENT LE FONDS

Les principaux éléments dont se compose un fonds de commerce sont : l'achalandage, le nom, l'enseigne et le droit au bail, les ustensiles ou matériel (1).

C'est la réunion de ces éléments divers qui forme l'universalité qu'on appelle un fonds de commerce.

---

1. Nous ne comprenons dans notre énumération ni les marchandises qui se trouvent en magasin, ni les créances, tant actives que passives, qui peuvent se rattacher à l'exploitation courante. Nous donnerons plus loin les motifs de cette exclusion.

A. — Achalandage et clientéle.

L'achalandage est la réunion des diverses pratiques, ou clients, qui s'attachent au fonds de commerce (1).

Un fonds de commerce existe, supposons-le. Par la nature des produits qui s'y débitent, par l'exercice des monopoles qu'il tient de brevets d'invention, par l'emplacement qu'il occupe, par la confiance qu'il a su inspirer au public, par l'honorabilité commerciale du titulaire, celui-ci a su grouper un ensemble de personnes qui ont pris l'habitude de venir se fournir dans ses magasins.

Il est évident, en principe, que nul ne peut contraindre le client d'aujourd'hui à rester le client de demain. Une maison de commerce actuellement prospère peut, par suite de circonstances diverses, péricliter tout à coup : une concurrence imprévue, l'exploitation de produits similaires offerts au public à de meilleures conditions, un caprice de la mode, quelquefois même une défaveur que rien n'explique, peuvent produire subitement l'anéantissement de l'achalandage.

Cet achalandage a donc une valeur propre, mais aussi une valeur forcément aléatoire, et ce caractère aléatoire d'un élément auquel nous attachons une importance capitale se communique au fonds tout entier.

1. On réserve plus spécialement le mot « clientèle » à l'ensemble des personnes qui ont l'habitude de remettre le soin de leurs affaires à un officier ministériel, à un avocat, ou qui se confient à un médecin.

Le changement de titulaire du fonds peut ainsi amener, dans la valeur de celui-ci, un changement souvent considérable. En tous cas, le premier élément du fonds de commerce, l'achalandage, est évidemment incorporel.

B. — Nom, enseigne, droit au bail.

Nous avons vu ce qu'est l'achalandage. Le commerçant est parvenu à grouper l'ensemble des personnes auxquelles il a su inspirer confiance, et qu'il espère voir indéfiniment se fournir dans sa maison.

Il importe que celle-ci reste établie, autant que possible, toujours dans le même lieu, qu'une relation s'établisse toujours permanente entre le commerce et l'endroit précis où s'est groupée la clientèle.

Il faut que des éléments distinctifs viennent individualiser à la fois le commerce et le commerçant, de façon à éviter toute erreur chez les acheteurs.

Mais ce n'est pas tout ; le commerçant a toujours l'ambition bien légitime d'augmenter le cercle de ses affaires. Il importe donc que les particuliers qui ignorent encore l'existence de son commerce aient connaissance de celle-ci. Il importe également que ceux qui ont entendu de ses clients l'éloge de ses produits, sachent exactement où en trouver de semblables.

Pour toutes ces raisons, la conservation et l'accroissement de l'achalandage exigent que le fonds de commerce occupe un lieu dont il se détachera le moins possible, et que l'existence de ce fonds soit annoncée là par un nom ou par une enseigne qui ne puisse laisser aucun doute sur son individualité.

Enfin, si le commerçant n'est pas propriétaire de l'immeuble dans lequel il exerce son commerce, il a intérêt à s'assurer pour le plus longtemps possible l'occupation des lieux dans lesquels s'est centralisée son exploitation commerciale. C'est à ce titre que le droit au bail doit être considéré comme un des éléments qui constituent le fonds de commerce.

Donnons quelques détails sur chacun de ces divers éléments.

L'enseigne est la désignation soit emblématique, soit nominale, qui donne à l'établissement de commerce son individualité.

Ainsi que le remarque M. Pouillet [n° 696], l'enseigne se rattache au fonds par un lien aussi étroit que celui qui unit une personne déterminée avec le nom qu'elle porte.

L'enseigne peut revêtir plusieurs formes. — Elle comprend le nom commercial qui est, on l'a dit, le signe de ralliement de la clientèle (1). Ce nom commercial peut être aussi remplacé par la raison sociale, ce qui arrive lorsque l'exploitation du fonds appartient à une société commerciale en nom collectif ou en commandite.

Remarquons-le, le nom commercial ne se confond pas nécessairement avec le nom civil. Ainsi que l'observe le Tribunal de commerce de la Seine, dans son

1. Calmels, n° 114.

jugement du 2 mai 1863 (1), le nom commercial finit par s'isoler complètement de la personne du fondateur et des siens, et n'est plus, pour le public, que la désignation d'une maison de commerce que sa renommée oblige. D'où, pour l'acquéreur d'un semblable fonds, l'intérêt qu'il y a à pouvoir invoquer ce nom, dans des conditions et des limites que nous aurons l'occasion de préciser.

L'enseigne est souvent distincte du nom commercial, soit que cette enseigne représente une figure peinte ou sculptée, ce qui était sa forme primitive, soit qu'elle ait été constituée au moyen de la raison commerciale, c'est-à-dire au moyen d'une dénomination, tantôt de fantaisie, tantôt tirée de la situation du lieu qu'occupe le fonds, tantôt rappelant la nature de l'exploitation.

Il peut arriver aussi que l'enseigne s'identifie avec le nom commercial, ce qui se produit notamment pour un café qui prend comme enseigne le nom de son propriétaire ou de son fondateur, et qui a tout intérêt à le conserver indéfiniment.

L'enseigne ne comprend pas, du moins en général, la marque du commerçant, mais il peut arriver que l'enseigne et la marque soient identiques ; dans ce cas, la marque fait partie de l'enseigne. Quoi qu'il en soit la marque, distincte ou non de l'enseigne, suit toujours le sort de celle-ci ; elle est notamment transmise avec elle.

Nous avons dit que le droit au bail avait pour avantage principal de fixer le fonds de commerce dans un lieu toujours le même.

1. *Moniteur des Tribunaux*, 1864, p. 256.

Le fonds, supposons-le, a été créé dans un endroit déterminé. Le commerçant, à ses débuts, a fait des travaux d'aménagement, auxquels il a souvent consacré de fortes sommes. La clientèle s'est formée, la maison de commerce est prospère.

Dans ces conditions, si le commerçant n'avait pas, tout d'abord, obtenu du propriétaire de l'immeuble qu'il occupe, un bail fixant pour longtemps le taux du loyer, il n'hésiterait pas à louer, à un moment donné, le local qu'il occupe, moyennant un prix peut-être dix fois supérieur à sa valeur vraie.

Car il aurait un intérêt plus grand encore à conserver là la source de ses bénéfices. Son droit au bail le dispense de subir les augmentations que, sans ce droit, le propriétaire, connaissant l'intérêt du preneur à conserver sa situation, ne manquerait pas de lui imposer.

Donc, le droit au bail est une valeur, et à ce titre il peut être considéré comme un élément occasionnel du fonds de commerce.

Nous disons : « occasionnel », parce qu'il arrive que la propriété de l'immeuble où le fonds de commerce est exploité, et la propriété de ce fonds lui-même, sont réunies dans la même main. Dans ce cas, une distinction s'impose entre ces deux propriétés.

C. Eléments matériels.

Quand on examine les divers éléments matériels qui

servent à l'agencement, à l'exploitation, au fonctionnement du commerce, on voit aussitôt qu'il est facile de les ranger en deux groupes bien distincts.

D'un côté, en effet, se trouvent les ustensiles, le mobilier industriel, les meubles de toute sorte servant à l'installation et au fonctionnement. Ces biens restent attachés au fonds d'une manière indéfinie, et s'usent à son service.

D'un autre côté se trouvent les marchandises neuves, sur lesquelles précisément s'exerce le commerce, qui sont achetées, puis revendues, avec ou sans transformation préalable.

Ces deux groupes de biens corporels doivent-ils être considérés comme constituant chacun un élément du fonds de commerce ?

En ce qui concerne la première classe de biens, nous admettrons sans difficulté l'affirmative.

Il est évident, par exemple, que si l'enseigne attire le client, l'agencement intérieur, avec son luxe et ses commodités, contribue à le retenir.

Mais devons-nous décider que des marchandises neuves qui, se remplaçant mutuellement, viennent successivement garnir l'établissement de commerce, constituent l'un des éléments du fonds au même titre que le matériel ?

Il est permis d'en douter : les marchandises en effet se distinguent du fonds de commerce comme le contenu se différencie du contenant.

Du reste, le législateur lui-même semble bien avoir aperçu que, dans un établissement commercial, le *matériel* d'une part, et les marchandises neuves, de l'autre, jouent un rôle essentiellement différent. C'est ainsi que l'article 7 de la loi du 28 février 1872 édicte un droit de 2 0/0 sur la vente de l'achalandage, la cession du droit au bail et des objets mobiliers ou autres servent à l'exploitation du fonds, à la seule exception des marchandises neuves garnissant le fonds. Et si les parties contractantes ont pris soin, dans leur acte, de stipuler un prix particulier pour les marchandises clairement désignées, le même article dispose que ces marchandises neuves seront seulement soumises au paiement d'un droit de cinquante centimes pour cent.

De plus, une pratique absolument constante nous présente la vente du fonds et la vente des marchandises comme étant toujours opérées séparément, la vente des marchandises étant conclue à part, soit pour un prix ferme, soit pour un prix à fixer après estimation. On est donc tenté d'en déduire que les marchandises neuves ne sont pas comprises dans le fonds.

Cette opinion, d'ailleurs contraire à celle de la majorité des auteurs, nous semble absolument fondée. Sans attribuer une importance exagérée à des prescriptions fiscales, sans même vouloir plier la théorie aux règles d'une pratique constante, nous croyons qu'il est juridique d'assimiler les marchandises neuves qui garnissent le fonds, en ce qui concerne les règles de droit qui leur sont applicables, aux créances et aux dettes existant pour et contre l'établissement commercial.

Et comme, conformément à l'opinion de la majorité des auteurs, nous admettrons, en l'absence de texte, que le fonds de commerce constitue une universalité de fait, et non une universalité juridique ; comme, par suite, nous déciderons que les créances et les dettes ne font pas partie du fonds, nous ne voyons pas pourquoi les marchandises neuves en feraient partie davantage.

En d'autres termes, nous ne voyons pas pourquoi une marchandise ferait partie du fonds, alors que la créance en paiement du prix de cette même marchandise supposée vendue, créance qui représente évidemment celle-ci, n'en ferait pas partie.

Il est à peine besoin d'ajouter que, dans tout ce qui précède, nous avons supposé que le titulaire du fonds de commerce n'était pas en même temps propriétaire de l'immeuble dans lequel le fonds s'exploite. Nous étudierons les conséquences de cette particularité quand nous aurons terminé l'étude des éléments et du caractère juridique du fonds de commerce, supposé toujours appartenir jusque-là à un non propriétaire de l'immeuble.

CHAPITRE II

IMPORTANCE COMPARÉE DES ÉLÉMENTS CONSTITUTIFS

La réunion des divers éléments que nous venons d'é-
tudier, constitue, avons-nous dit, le fonds de commerce.

Il arrive souvent que ces éléments se trouvent réunis,
pour composer un même fonds. Mais il n'est pas toujours nécessaire qu'il en soit ainsi. Par exemple, on peut
très bien concevoir un fonds de commerce dans lequel
quelques-uns seulement des éléments ordinaires se présenteraient réunis.

Un fonds de commerce peut très bien exister sans
droit au bail.

Il importe donc de nous demander si l'un quelconque
de ces éléments peut faire défaut, s'ils ont tous, par suite,
le même caractère, la même importance. Recherchons
s'il n'y en a point, parmi eux, qui seraient de l'*essence*
du fonds, et non pas seulement de sa *nature*, qui seraient
caractéristiques, inhérents à tout fonds de commerce,
sans lesquels celui ci ne saurait se concevoir.

S'il en est ainsi, ce ne sont que les éléments autres

que ces derniers qui, le cas échéant, pourraient faire défaut.

D'après nous, le fonds de commerce se synthétise dans trois éléments essentiels, les autres ayant un caractère accessoire et pouvant, par suite, se rencontrer ou non, tandis que les premiers existent toujours.

Ce sont : le nom, l'achalandage, et un lieu où s'exploite le fonds, tel qu'on puisse y voir pour ce fonds une sorte de domicile.

Remarquons immédiatement que ces éléments ont tous le caractère incorporel.

Les éléments accessoires seront dès lors le matériel, l'enseigne et le droit au bail (1).

Tout commerçant cherche à réaliser des bénéfices ; il s'interpose dans la circulation des valeurs ou des biens, mais surtout il spécule. Or il est impossible de concevoir cette interposition et cette spéculation si le commerçant n'est pas en relation d'affaires avec certaines personnes qui passeront avec lui des contrats sur lesquels il cherchera à réaliser un bénéfice.

Cette clientèle peut être de passage et se renouveler constamment ; ou bien elle sera toujours à peu près la même, continuant indéfiniment sa confiance au titulaire du fonds.

Mais quels que soient les caractères de cette clientèle, il est impossible d'imaginer qu'elle n'existe pas, ne fût-ce que dans l'esprit, dans les espérances de celui qui

1. En étudiant plus loin, à propos des effets de la cession d'un fonds, quels sont les éléments transmis à l'acquéreur, nous dirons quelques mots des marques de fabrique et des brevets d'invention qui pourraient être attachés à ce fonds.

demande au commerce, sinon la fortune, du moins la satisfaction de ses besoins matériels.

On objecte un arrêt de la Cour de Lyon, du 20 août 1880 (*Journ. Trib. Com.*, 30, 242), qui fait application des règles sur la vente des fonds de commerce dans l'hypothèse où, un établissement étant fermé depuis plusieurs mois, on vend les marchandises et agencement qui s'y trouvent. Voilà, dit-on, un fonds de commerce sans achalandage. Rien n'est moins certain.

Ou bien, en effet, les marchandises seront vendues individuellement à plusieurs acheteurs, ainsi que les différentes pièces de l'agencement de l'ancien fonds, et, dans ce cas, les règles de la vente des fonds de commerce ne sauraient s'appliquer.

Ou bien le matériel et les marchandises seront vendus en bloc à un même acheteur qui veut ou qui peut rouvrir le fonds de commerce. Dans ce cas, est-il certain que l'achalandage n'existe plus ? l'acheteur qui se propose de s'établir n'a-t-il pas pris en considération cette circonstance que la réouverture, dans le même lieu ou dans un lieu voisin, d'un établissement de commerce ayant même agencement que l'ancien, débitant identiquement les mêmes marchandises, entraînerait le retour d'une partie plus ou moins considérable de l'achalandage qui s'était autrefois attaché au fonds qu'il vient d'acquérir ?

Il y a plus : on peut très bien concevoir l'achalandage sans qu'il y ait matériel, magasin, marchandises.

Supposons en effet qu'aujourd'hui toutes ces choses soient détruites par un incendie ; demain, un nouveau local recevra, dans les environs du premier, de nouvelles marchandises, un agencement analogue, et le commerçant verra revenir là son ancienne clientèle, sans que l'achalandage ait, par suite, cessé d'exister un seul instant.

Pour nous résumer sur ce point, nous dirons donc que l'existence de l'achalandage est la condition *sine qua non* de l'existence d'un fonds de commerce.

Pour que cet achalandage prenne et conserve une certaine fixité, puisse acquérir, par suite, une valeur intrinsèque, il est évident qu'il doit être centralisé dans un ou plusieurs lieux et sous un nom.

C'est pourquoi nous faisons, de l'existence d'un lieu et d'un nom, des conditions essentielles d'un fonds de commerce, puisque nous les considérons comme des éléments constitutifs de l'achalandage.

Quelquefois, cependant, on voit de petits commerçants se déplacer de foire en foire, de marchés en marchés, pour offrir leurs marchandises à ceux qui fréquentent ces foires ou ces marchés. Il semble alors que la condition de fixité de lieu ne soit plus essentielle. Mais si l'on examine de près quelle est alors la situation créée à de semblables fonds, on voit immédiatement que l'exception est bien plus apparente que réelle, car le petit commerçant se transporte régulièrement, mathématiquement, à des jours de foires et de marchés toujours les mêmes, dans les divers lieux qu'il a choisis ; il y place ses marchandises, toujours sous le même aspect, dans un endroit toujours le même, de façon que l'on soit toujours certain de le rencontrer tel jour, dans telle ville, au même emplacement.

C'est ainsi que se groupera une clientèle, disséminée

dans un nombre déterminé de villes, mais, malgré tout, une clientèle. Le fonds est établi, non pas dans un lieu, mais dans plusieurs lieux, en sorte que la condition de fixité de lieu ne s'en trouve pas moins réalisée.

Quant aux éléments que nous considérons comme accessoires, il est facile de prouver qu'ils peuvent très bien ne pas se rencontrer. C'est ainsi qu'on peut concevoir un fonds sans matériel et sans enseigne.

C'est ainsi encore que le fonds peut exister sans que son propriétaire soit titulaire du droit à un bail.

Constatons, en terminant, que la jurisprudence n'a pas toujours admis notre théorie, d'après laquelle les éléments incorporels, et l'achalandage en première ligne, dominent dans les caractères juridiques du fonds de commerce. Dans ces dix dernières années, la doctrine des Cours d'appel tend à se diviser en deux systèmes bien distincts. Les unes voient toujours la caractéristique des fonds dans les éléments immatériels, achalandage et droit au bail (1) ; les autres, et c'est la très grande majorité, distinguent suivant que les éléments corporels ou incorporels sont de plus grande valeur relative, en telle sorte que l'élément essentiel des fonds résiderait tantôt dans les éléments corporels, comme le matériel, tantôt dans les éléments incorporels (2).

Nous repoussons, pour les motifs vus plus haut, cette distinction à laquelle cependant semble s'être rangée

1. Riom, 30 mars 1892, S. 94, 2, 237.
2. Lyon, 23 mars 1893, S. 94, 2, 237 ; — Paris, 2 novembre 1898, *Gaz. Trib*. 27 nov. 1898.

la Cour suprême, dans son important arrêt du **13** mars **1888**, sur lequel nous aurons à nous étendre longuement quand nous traiterons de la mise en nantissement des fonds de commerce.

CHAPITRE III

QUELS SONT, EN DROIT, LES CARACTÈRES DU FONDS DE COMMERCE

Les caractères que présente tout fonds de commerce sont au nombre de trois : le fonds tout d'abord constitue une universalité ; il est, en second lieu, un meuble incorporel ; il est, enfin, un corps certain.

Donnons quelques détails sur chacun de ces trois caractères.

Section I.

Le fonds est une universalité.

Nous disons, en premier lieu, que le fonds de commerce constitué par l'ensemble des divers éléments précédemment étudiés, est une sorte d'universalité.

Les caractères juridiques de cet ensemble d'éléments qui s'appelle le fonds sont évidemment distincts de ceux que présente chacun de ces éléments considéré isolément ; ou plutôt, si l'on ne veut pas donner au fonds une sorte de personnalité distincte de ces derniers éléments, il faut dire que si le fonds n'a pas des caractères qui lui soient absolument propres, du moins il emprunte les caractères de celui des éléments constitutifs qui présente le plus d'importance, nous voulons parler de l'achalandage.

La question, en effet, s'est posée de savoir si le fonds de commerce constituait une véritable universalité juridique ou une simple universalité de fait, et la solution de cette question n'est pas sans entraîner des conséquences pratiques que nous avons déjà eu l'occasion de signaler.

Si, en effet, nous sommes en présence d'une universalité juridique, si le fonds de commerce a une sorte de personnalité, s'il est assimilable à un patrimoine, à une hérédité, tous les éléments du fonds, qu'ils soient principaux ou accessoires, vont être transmis dans une vente, par exemple, lorsque, sans autre détail, la cession du fonds est faite en bloc. Notamment toutes les créances et toutes les dettes qui existent pour ou contre le fonds seront de plein droit, à moins de conventions contraires, transmises avec le fonds.

Si, au contraire, nous sommes en présence d'une universalité de fait, les diverses parties qui composent le fonds, insuffisamment fondues dans un tout unique, représentent une simple agglomération d'éléments ayant tous conservé leur individualité propre ; la cession du fonds pourra s'analyser en autant de cessions partielles portant chacune sur un élément constitutif. Et l'on ne pourra pas dire alors que le fonds passe comme passerait un patrimoine, une hérédité.

Or, ce qui caractérise la transmission d'un patrimoine, d'une hérédité, d'une universalité juridique, c'est que la transmission comprend non seulement les biens corporels, mais encore les créances et les dettes afférentes à ce patrimoine.

En résumé, si le fonds de commerce constitue une universalité de droit, les créances et les dettes du fonds seront, de plein droit, comprises dans la cession de celui-ci. Au contraire, si le fonds ne constitue qu'une universalité de fait non assimilable à une hérédité, nous ne pourrons faire porter la transmission que sur les éléments matériels ou incorporels qui, aux yeux des deux parties, pourront avoir une existence certaine.

Nous déciderons alors qu'à moins de convention contraire, les créances et les dettes ne se transmettent pas avec le fonds, n'en font pas partie de plein droit.

Il nous reste à prendre parti sur cette question d'ailleurs controversée.

Dans un premier système on a soutenu que le fonds de commerce constituait une universalité juridique, et que les créances et les dettes font de plein droit partie du fonds

Dans son arrêt du **13 mars 1888**, arrêt sur lequel nous aurons à revenir longuement dans notre seconde partie, la Cour de cassation qualifie les fonds de commerce d'universalités juridiques, mais ce n'est qu'incidemment, et sans en tirer de conséquences au point de vue, qui nous occupe, de la transmission des créances et des dettes attachées au fonds..

La législation allemande admet également que le fonds de commerce constitue une universalité juridique (1), et nous pensons, quant à nous, que telle est la doctrine de l'avenir.

Nous croyons que si, faute de texte, nous ne pouvons encore considérer le fonds de commerce comme une universalité juridique, cette transformation se fera dans notre droit.

Elle aura cet avantage de trancher toute controverse sur la question de savoir quels sont les véritables éléments constitutifs du fonds. Celui-ci, ayant alors une existence propre et distincte, pourra, avec des règles précises, occuper dans notre droit commercial la place considérable que la pratique actuelle fait déjà prévoir.

La loi du 1er mars 1898 n'a pas, suivant nous, réalisé la réforme, puisqu'elle n'édicte qu'une mesure de publicité nécessaire pour rendre opposable aux tiers la mise en gage d'un fonds. Nous dirons, il est vrai, que cette seule publicité constitue, *erga omnes*, le nantissement du fonds, mais il n'en résulte pas, la loi n'ayant rien dit sur ce point, que le fonds soit un tout juridique ayant une personnalité propre. La publicité dont il s'agit dans la loi nouvelle fait seulement tomber en gage, *erga omnes*, au profit du gagiste, la somme des éléments constitutifs du fonds, considérés séparément.

En résumé, dans notre législation actuelle, et étant donné que nous ne pouvons pas créer sans texte de per-

(1) Thaller, *Annales*, 1890, p. 47 et *note*.

sonnalités juridiques nouvelles, nous admettons avec la majorité des auteurs la seconde opinion, d'après laquelle il ne faut voir dans le fonds de commerce qu'une universalité de fait, dans laquelle un élément, l'achalandage, domine, joue le rôle principal, mais dont les autres éléments, simplement groupés autour de celui-ci, sont plus ou moins nécessaires pour lui donner un corps : « Nous ne voyons pas trop pourquoi, dit M. Thaller, on veut à toute force y voir une universalité juridique. Nous y trouverions un assemblage de valeurs qui, les unes, comme la clientèle, ont une nature immatérielle, tandis que d'autres sont des meubles corporels. La volonté des parties peut réunir dans un contrat tous ces éléments ensemble, mais rien n'empêche, non plus, de traiter sur chacun d'eux » (1).

Nous ne saurions, en tous cas, approuver les motifs par lesquels MM. Aubry et Rau se décident, comme nous, en faveur de l'universalité de fait :

« Il en est autrement d'un fonds de commerce ordinaire qui, comprenant principalement des marchandises ou autres choses corporelles, ne constitue, malgré sa nature particulière et bien qu'elle puisse accidentellement renfermer des objets incorporels, qu'une universalité de fait. Voilà pourquoi un pareil fonds n'est, à notre avis, qu'un *universum corpus*, et non un *universum jus* » (Aubry et Rau, 5e édition, t. II, § 236, p. 740, note 5).

Nous admettons bien, avec les savants auteurs, que le fonds de commerce est une universalité de fait, mais nous ne croyons pas que l'existence des choses corpo-

1. Thaller, *Annales*, 1889, p. 221. — *Adde* : Lyon-Caen et Renault, t. III, n° 245 *bis*.

relles soit l'élément important, caractéristique du fonds·
Nous nous sommes efforcé d'établir, au contraire, que
le principal élément auquel on doit juridiquement rattacher tous les autres, était l'achalandage, c'est-à-dire
un élément incorporel par excellence. Les autres n'en
existent pas moins, utiles eux aussi, mais à un degré
moindre, soit pour créer, soit pour augmenter cet achalandage.

Remarquons, en terminant l'étude de ce premier
caractère du fonds, que les contrats de vente de fonds
de commerce réglementant toujours d'une façon très
explicite le sort des créances et des dettes afférentes au
fonds, la controverse sur le point de savoir si le fonds de
commerce constitue une universalité de droit ou de
fait ne présente qu'une importance pratique peu considérable.

Section II.

Le fonds est un meuble incorporel.

Le second caractère que nous reconnaissons au fonds
de commerce est d'être un meuble incorporel (1).

1. Pour scinder les difficultés, nous supposons ici que le propriétaire du fonds et le propriétaire de l'immeuble où le fonds de commerce s'exploite ne sont pas les mêmes. Nous aurons donc à rechercher plus loin si, et dans quelle mesure, les caractères généraux du
fonds de commerce sont modifiés par suite de cette circonstance spéciale qu'un commerçant exploiterait un fonds dans un immeuble lui
appartenant.

Tout d'abord le caractère mobilier du fonds de commerce ne saurait faire doute. Dans celui-ci, en effet, figurent exclusivement des meubles, l'achalandage, l'enseigne, le droit au bail, le matériel :

« L'achalandage, dit très exactement M. Laurent (t° V, n° 513), tend à un bénéfice, donc à une somme d'argent, objet mobilier ; partant il doit être rangé parmi les meubles ».

En second lieu, le fonds de commerce est un meuble incorporel. Nous avons dit à maintes reprises, en effet, que l'élément essentiel, caractéristique du fonds de commerce, est l'achalandage autour duquel nous groupons surtout le nom, l'enseigne, le droit au bail.

Tous ces éléments sont incorporels ; donc l'ensemble, l'universalité de fait qui constitue le fonds de commerce, doit avoir le caractère incorporel, car, et contrairement à l'opinion émise par MM. Aubry et Rau, nous avons affirmé et croyons avoir établi que les éléments matériels, quelque considérable que fût leur valeur relativement à l'ensemble des autres éléments du fonds, n'étaient juridiquement que des accessoires permettant de mettre en valeur, de conserver ou d'augmenter l'achalandage, élément capital (1) : « Quand on considère à ce point de vue le fonds de commerce, écrivent MM. Lyon-Caen et Renault (2), on doit le ranger parmi les meubles incorporels. L'achalandage, ou droit à la clientèle, a évidemment ce dernier caractère, et les

1. Riom, 30 mars 1892 (S. 94. II, 237). — Comparez cependant : Lyon 23 mars 1893 (S. 94, II, 237) et Cass., 25 juin 1895 (S. 95. I. 409).

2. T. III, n° 239.

autres objets compris dans le fonds de commerce sont un accessoire de l'achalandage ».

« Le fonds de commerce, dit également M. Boistel (*Précis de droit commercial*, n°s 429 et 430), est constitué essentiellement par la clientèle et l'achalandage. Il rentre donc dans la classe des biens incorporels, et comme il n'y a aucune raison pour le déclarer immobilier, il doit être considéré comme un bien mobilier ».

De ce que le fonds de commerce est un meuble, nous tirerons immédiatement cette première conséquence que le fonds appartenant à une personne qui viendrait à se marier sous le régime de la communauté légale, tomberait immédiatement en communauté.

De même si, au cours d'une communauté légale, l'un des époux venait à acquérir, *mortis causa*, la propriété d'un fonds de commerce, ce fonds deviendrait la propriété définitive de la communauté.

Du caractère mobilier des fonds de commerce on peut encore déduire cette conséquence que le fonds n'est pas susceptible d'hypothèque.

Enfin, puisque le fonds est un meuble, il peut faire l'objet d'un contrat de gage.

Nous nous contenterons de signaler ces divers points, nous réservant de traiter en détail la question de la mise en nantissement des fonds de commerce.

Section III.

Le fonds de commerce est un corps certain.

Le troisième caractère que nous reconnaissons au fonds de commerce est d'être un corps certain, une *species*.

Un fonds ne saurait être rangé dans la classe des choses fongibles : Un pareil fonds, disent MM. Aubry et Rau, constitue une sorte d'universalité, « *universum corpus* », qui continue de subsister tant par la conservation des objets qui ne sont pas destinés à être vendus que par le renouvellement successif des marchandises qui en font partie.

On le voit, MM. Aubry et Rau expliquent l'individualité du fonds de commerce, ce caractère qu'a le fonds d'être un corps certain, par des considérations tirées du renouvellement successif des marchandises, et, de même, dans son Traité du Contrat de mariage, Troplong s'exprime ainsi : « Les marchandises nouvelles qui prennent la place des anciennes représentent celles-ci de telle sorte que le fonds est censé ne pas éprouver de changement. Il persiste à l'égal du troupeau dont les bêtes sont remplacées par d'autres bêtes ».

Nous avons dit que nous ne comprenions pas les marchandises neuves parmi les éléments constitutifs du fonds de commerce. Sans doute on pourrait, en remplaçant « les marchandises » par « le matériel » dans les développements qui précèdent, faire un raisonnement analogue pour décider que le fonds constitue un corps certain. Mais, à notre avis, on rechercherait toujours ainsi les caractères du fonds dans des éléments qui ne sont que des accessoires du fonds.

Il nous semble donc préférable de raisonner ainsi : l'achalandage est l'élément essentiel du fonds de commerce ; s'il est possible que certains clients disparaissent pour faire place à d'autres, l'ensemble de la clientèle, l'achalandage, n'en garde pas moins son individualité propre. L'achalandage est donc un corps certain, et par suite, il en est de même du fonds de commerce tout entier.

Théorie de l'immobilisation du matériel.

Nous avons supposé jusqu'ici que le titulaire du fonds de commerce et le propriétaire de l'immeuble dans lequel s'exploite ce fonds étaient deux personnes parfaitement distinctes.

Il peut en être autrement.

Plaçons-nous donc dans l'hypothèse où le propriétaire d'un immeuble y a établi un fonds de commerce en aménageant son immeuble pour la plus grande utilité de ce fonds de commerce.

Nous avons à nous demander si, et dans quelle mesure, les éléments constitutifs du fonds subissent, par suite de cette circonstance particulière, des modifications juridiques.

Les marchandises qui, d'après nous, ne font pas partie du fonds, ne feront l'objet d'aucune explication. Destinées à être vendues le plus rapidement possible, elles sont loin d'être, dans l'esprit du commerçant, attachées au fonds à perpétuelle demeure.

Elles conserveront leur caractère mobilier.

Le droit au bail n'existe pas ; nous avons donc à nous occuper exclusivement du matériel, d'une part, et, d'autre part, de l'achalandage et des divers éléments qui s'y relient directement comme le nom commercial et l'enseigne. Ces deux groupes d'éléments, l'un corporel et l'autre plutôt immatériel, feront l'objet d'explications successives.

Tout d'abord, les différents objets mobiliers qui servent à l'exploitation du fonds de commerce doivent-ils être considérés comme des immeubles par destination ?

La très grande majorité des auteurs admet l'affirmative.

Le meuble dont il s'agit, en effet, a été, dit-on, attaché à l'immeuble par le propriétaire pour servir à l'exploitation de cet immeuble ; il y a été attaché à perpétuelle demeure d'une façon apparente. Ce mobilier, ces ustensiles, formeront donc des immeubles par destination, tels que les définissent les articles 524 et 525 du Code civil.

C'est ainsi que, lorsqu'un bâtiment a été construit à destination d'hôtel garni, quand il a été spécialement aménagé en vue de cette exploitation exclusive, quand il ne peut être affecté à un autre commerce, sans subir

une transformation radicale, entraînant d'énormes dé-
penses, les meubles seront immobilisés, deviendront
l'accessoire de l'immeuble, dont ils auront ainsi le
caractère juridique.

« L'article 524, dit M. Lyon-Caen (1), est aussi général
que possible dans ses termes ; il veut que tout établissement au fonctionnement duquel certains meubles sont
nécessaires, les immobilise par cette adjonction.

Il faut seulement, pour qu'il en soit ainsi, que le bâtiment ait été spécialement construit pour l'exploitation
à laquelle servent les meubles dont il est garni.

Mais, cette condition remplie, il n'y a pas une seule
raison tant soit peu plausible pour refuser à un hôtel
garni ce qu'on est obligé d'accorder à tout autre établissement industriel ou agricole ».

La jurisprudence est constante en ce sens (2).

Contrairement à l'opinion qui vient d'être exposée,
nous estimons que les objets mobiliers destinés à l'exploitation du fonds de commerce ne deviennent pas immeubles par destination par suite de ce fait que le commerçant est propriétaire de l'immeuble dans lequel le
fonds est exploité. Il nous semble que ce premier système repose sur une confusion : les meubles, en effet,
ne deviennent immeubles par destination que lorsqu'ils
sont les accessoires de cet immeuble, que lorsqu'ils ont
été attachés à cet immeuble pour l'utilité de celui-ci,

1. En note sous Cassation, 31 juillet 1879, S 80, I, 409.
2. Caen, 1er avril 1879, S. 80, II, 331. — Toulouse, 15 mai 1879,
S. 80, II, 331. — Toulouse, 4 août 1883, S. 84, II, 8. — Trib. Seine
20 mai 1884, *Gaz. Trib.* 10 juin 1884. — Pau, 23 juillet 1884, *Gaz.
Trib.*, 24 septembre 1884.

Nantet3

quand ils sont, en un mot, à destination de l'immeuble.

Or, dans notre hypothèse, il n'en est pas ainsi.

Un particulier veut faire un commerce, créer un fonds; pour grouper la clientèle, source de ses bénéfices futurs et *but principal* qu'il poursuit, il construit, achète, modifie un immeuble; puis dans cet immeuble il place les objets mobiliers nécessaires.

Les objets mobiliers sont donc destinés, non pas à l'immeuble, mais au fonds de commerce, dont l'un des caractères, nous l'avons vu, est d'être essentiellement mobilier; ils ne répondent donc pas à l'idée à laquelle le législateur rattache sa théorie de l'immobilisation par destination.

Il y a plus : si le législateur avait admis en matière mobilière une théorie analogue à celle de l'immobilisation par destination, s'il avait admis, ce qu'il n'a pas fait, que les immeubles peuvent être mobilisés par destination, nous aboutirions aux deux conclusions suivantes :

1º Le matériel placé sur l'immeuble appartenant au commerçant reste meuble par ce qu'il est l'accessoire du fonds de commerce auquel il est exclusivement destiné, et non pas l'accessoire de l'immeuble.

2º L'immeuble dans lequel s'exploite le fonds est mobilisé par destination, parce qu'il est destiné à l'exploitation du fonds de commerce, parce que, quelle que soit son importance, il est dans l'esprit du commerçant l'accessoire du fonds, il est le subordonné de l'achalandage.

Nous ne pouvons pas, dans l'état actuel de notre législation, formuler cette dernière conclusion, mais, avec M. Lèbre, nous maintenons la première dont nous croyons avoir démontré l'exactitude (1).

Pour nous résumer sur cette première partie de nos explications relatives à l'immobilisation du fonds de commerce, nous dirons donc qu'aucun changement n'est apporté à la théorie générale dans l'hypothèse où une même personne réunit sur sa tête la double propriété du fonds de commerce et de l'immeuble.

Nous avons à rechercher maintenant ce que deviennent les divers éléments qui, autres que le matériel, constituent le fonds du commerce, lorsque l'immeuble et le fonds de commerce appartiennent au même propriétaire.

Pour nous, la solution ne saurait faire de doute. Nous avons admis, contrairement à la jurisprudence, que le matériel n'était pas immobilisé par destination, que, par suite, il n'était pas hypothéqué en même temps que l'immeuble, et, le cas échéant, ne pouvait être compris dans la saisie dont cet immeuble serait l'objet (2).

A fortiori, admettrons-nous une solution analogue pour les autres éléments, immatériels ceux-là, qui composent le fonds de commerce.

La jurisprudence se prononce dans le sens opposé. C'est ainsi que le tribunal de Pau, le **23** juillet 1884 (3), a décidé qu'au cas de l'adjudication d'un immeuble appartenant à un hôtelier, qui y exploitait son fonds,

1. Lèbre, p. 216.

2. Nous avons admis que les marchandises neuves ne faisaient pas partie juridiquement du fonds ; mais, en feraient-elles partie, que nous donnerions encore la même solution pour elles.

3. *Gaz. Trib.* 24 septembre 1884.

l'achalandage n'était autre chose que l'hôtel ; que par suite l'achalandage était immobilier, comme l'hôtel lui-même ; qu'il n'y avait pas lieu de le vendre à part, et qu'il était impossible de distraire du prix d'adjudication total une certaine fraction représentant cet achalandage, et susceptible d'être distribuée par des règles différentes de celles qui déterminent la répartition du prix de l'immeuble lui-même.

Nous avons déjà dit que, d'après nous, l'achalandage doit être soigneusement distingué de l'immeuble.

Par suite, si un immeuble est saisi dans lequel s'exploite un fonds de commerce, et si une adjudication a lieu en bloc, lorsqu'on répartira le prix provenant de cette adjudication, il est indispensable, avant de procéder aux attributions définitives, de faire un départ entre les différents éléments qui viennent d'être adjugés. L'immeuble sera représenté par un prix réparti au moyen de la procédure d'ordre ; le fonds de commerce, en y comprenant le matériel, l'enseigne, le nom commercial, sera représenté par une autre fraction du prix dont une expertise déterminera la valeur relative ; ce prix sera distribué entre les créanciers privilégiés sur le fonds, et les chirographaires. Enfin, les marchandises, évaluées à part, donneraient lieu à une répartition de prix d'après les règles de la distribution par contribution.

Il y a plus : bien loin d'admettre que les divers éléments qui constituent le fonds de commerce se confondent tellement avec l'immeuble, que celui-ci les absorbe tous, et que, dans une adjudication, le prix du fonds de commerce disparaît, noyé, pour ainsi dire, dans le prix de l'immeuble, nous estimons qu'il serait plus logique d'adjuger distinctement, par trois opérations :

1° L'immeuble lui-même ;

2° Le fonds de commerce (matériel, nom, enseigne, achalandage) ;

3° Les marchandises.

Dans ces conditions, l'immeuble et le fonds de commerce pourraient être adjugés à deux personnes différentes, et les droits respectifs de chacun ne présenteraient dans leur détermination aucune difficulté.

Celui qui acquerrait le fonds de commerce s'établirait dans le voisinage, sous le nom commercial et avec l'enseigne du fonds dont il est devenu acquéreur.

Il aurait droit de se dire successeur et de se recommander de cette situation auprès de l'ancienne clientèle. Il déplacerait même le matériel auquel cette clientèle est accoutumée, de façon à donner à la maison nouvelle exactement l'apparence de l'ancienne.

Il arriverait ainsi probablement à retenir la plus grande partie de l'achalandage de son prédécesseur.

De son côté, l'acquéreur de l'immeuble n'aurait acquis que l'immeuble lui-même, et serait, par suite, privé de tous les droits que nous venons d'énumérer.

En résumé, nous nous prononçons contre toute immobilisation de n'importe lequel des éléments dont la réunion forme le fonds de commerce.

A un point de vue plus général, on pourrait nous objecter qu'il y a un inconvénient économique à ce qu'il en soit ainsi.

L'immobilisation par destination, dit-on, a pour but

de procurer au propriétaire de l'immeuble auquel sont attachés les meubles immobilisés, un crédit hypothécaire plus considérable, puisqu'il offre à un prêteur une garantie plus étendue.

Il est évident, répondrons-nous, qu'avec notre théorie qui refuse d'immobiliser même le matériel, la garantie hypothécaire est réduite à son minimum ; mais, d'autre part, le fonds de commerce, conservant tous ses éléments distinctifs, ne perd pas son individualité, et devient ainsi entre les mains de son titulaire un autre moyen de crédit.

Par exemple, l'enseigne ne pourra pas être hypothéquée, en tant que faisant partie du fonds. Mais au lieu de recevoir une garantie hypothécaire, les créanciers recevront un privilège sur le fonds de commerce, privilège d'autant plus efficace que la loi nouvelle du 1er mars 1898 l'organise avec plus de soin qu'auparavant. Le crédit général n'a donc rien à y perdre.

Nous n'insisterons pas davantage dans ces notions générales sur les caractères juridiques que nous croyons devoir reconnaître à ce tout homogène qui s'appelle un fonds de commerce, car l'examen de ces caractères va de nouveau s'imposer, au cours de l'étude, que nous allons faire maintenant, des difficultés considérables qui se sont élevées, et ne sont point encore définitivement tranchées, sur la question de savoir si et à quelles conditions un fonds de commerce peut être donné en nantissement.

DEUXIÈME PARTIE

DU NANTISSEMENT DES FONDS DE COMMERCE

Lorsqu'un immeuble est vendu, ou lorsqu'il est affecté hypothécairement à la garantie d'une dette, il importe que les tiers soient prévenus, soit de la transmission de propriété, soit de l'existence de l'hypothèque ; d'où, pour la transmission de la propriété immobilière, la théorie de la transcription, et celle de l'inscription, en ce qui concerne la publicité de l'hypothèque.

Nous n'avons pas ici à établir en matière immobilière l'utilité de la transcription et de l'inscription.

On admet aujourd'hui, sans contestation, que ces deux mesures sont indispensables pour la sécurité des transactions et les besoins du crédit.

Par suite, ces mesures de publicité ou d'autres analogues doivent être, suivant nous, étendues, en législation pure, à tous les biens et à toutes les valeurs pour lesquelles il est possible d'organiser une semblable publicité.

Les meubles corporels qui obéissent à la règle de l'article 2279 « en fait de meubles, possession vaut titre », et qui n'ont pas de situation fixe, échappent évidemment, en ce qui concerne leur transmission ou leur mise en gage, à ces mesures de publicité.

Parmi les meubles incorporels, au contraire, il en est au moins un, *le fonds de commerce*, que nous pourrions assimiler aux immeubles, en ce qui touche la publicité et de sa *transmission* et de son *impignoration*.

La législation des fonds de commerce contiendrait alors : 1° des mesures de publicité relatives à la transmission des fonds ; 2° des mesures de publicité relatives à leur mise en gage.

Au point de vue qui nous occupe, en effet, le fonds de commerce se rapproche des immeubles et se différencie des meubles ordinaires. Contrairement à ceux-ci qui n'ont pas d'assiette fixe, le fonds de commerce, nous l'avons maintes fois répété, est le point vers lequel, à la suite des efforts du commerçant, vient converger la clientèle ; il a donc comme les immeubles une situation fixe, de telle sorte qu'on peut déterminer facilement le lieu où les tiers pourraient se renseigner sur l'état actuel du fonds, quant à son propriétaire, et quant à celui qui l'a reçu en gage.

En ce qui concerne la publicité de la mutation du fonds, nous verrons qu'elle ne fait l'objet d'aucune disposition législative proprement dite, mais que l'usage, basé sur la nécessité que nous signalons, a fait admettre, dans de nombreux centres commerciaux, une publicité coutumière.

Mais si la publicité donnée à la vente du fonds n'a encore reçu aucune organisation de la part du législateur, il n'en est plus de même des règles relatives à la publicité de la mise en gage des fonds de commerce.

La loi de 1898 a statué sur ce point ; nous étudierons en détail ces dispositions nouvelles et aussi les controverses qu'elles ont eu pour but de trancher.

Section I.

Du gage en général.

Avant d'aborder l'étude des difficultés qui se sont élevées à propos de la mise en nantissement des fonds de commerce, il importe de rappeler celles des règles du gage qui ont trait à notre matière.

D'une manière générale, toutes choses mobilières peuvent être données en gage. Il en est particulièrement ainsi des choses mobilières incorporelles : l'article 2075 du Code civil est formel sur ce point.

Le gage est civil ou commercial, suivant que la créance garantie par ce gage a le caractère civil ou commercial. Nous distinguerons successivement ces deux hypothèses.

A. — *Gage civil.* — Supposons tout d'abord que le gage soit civil, c'est-à-dire garantisse une dette civile.

Pour que le contrat de gage soit opposable aux tiers, il faut, tout d'abord, aux termes des articles 2074 et

2075 du Code civil, que le contrat soit constaté par écrit;
et, d'après l'article 2075, s'il s'agit d'un gage portant sur
un meuble incorporel, encore qu'on soit en matière n'ex-
cédant pas 150 francs, l'écrit est toujours nécessaire, car
l'article 2075 dispose d'une manière absolument impé-
rative.

Du reste, quant à la forme, l'écrit n'a pas à être solennel
ou sacramentel; mais, quant au fond, l'article 2074 exige
que l'acte contienne la « déclaration de la somme due,
ainsi que l'espèce et la nature des choses remises en
gage, ou un état annexé de leurs qualités, poids et mesures. »

L'article 2075, en matière de mise en gage de meubles incorporels, exige, outre la nécessité d'un écrit, l'enregistrement de celui-ci.

La loi a ainsi voulu donner date certaine à l'acte constituant le gage, afin que le créancier gagiste puisse oppo-
ser son privilège aux autres créanciers, en étant à l'abri
de tout soupçon d'antidate. Nous pensons donc que l'enregistrement n'est ici nécessaire que pour les écrits rédigés sous-seing privé, la date certaine résultant toujours de la seule rédaction de l'acte authentique.

Bien que l'article 2075 soit muet sur ce point, et que les
privilèges ne doivent pas être étendus par voie d'analo-
gie, nous estimons que les autres modes présentés par
l'article 1328 comme des équivalents de l'enregistrement,
en tant que donnant date certaine aux actes sous-seing
privé, peuvent être, mais eux seuls, considérés comme tels
dans notre hypothèse actuelle. En d'autres termes l'enregistrement de l'acte sous-seing privé pourrait être sup-
pléé ou bien par le décès de l'un des signataires de

l'acte, ou bien par la relation de cet acte dans un acte authentique.

La jurisprudence est en ce sens (1).

La Cour de cassation a même décidé que l'enregistrement de l'acte sous-seing privé relatant l'acte sous-seing privé constatant le gage, pouvait être considéré comme un équivalent de l'enregistrement de l'acte de gage lui-même (2).

B. — *Gage commercial.* — Supposons maintenant que le gage soit commercial, c'est-à-dire garantisse une créance commerciale.

Avant la loi du 13 mai 1863, les règles qui viennent d'être exposées étaient exigées aussi bien lorsque le gage était commercial que lorsqu'il était civil ; mais en 1863, l'article 91, alinéa 1ᵉʳ, du Code de commerce a été ainsi rédigé : « Le gage constitué, soit par un commerçant, soit par un individu non commerçant pour un acte de commerce, se constate, à l'égard des tiers comme à l'égard des parties contractantes, conformément aux dispositions de l'article 109 du Code de commerce ».

Donc, lorsque le gage est commercial, un écrit n'est plus nécessaire pour la validité de sa constitution. Par suite, cette constitution pourra être prouvée par tous les modes de preuve, non seulement entre les parties, mais encore vis-à-vis des tiers, les tribunaux ayant ici, sur

---

1. Cass., 17 février 1858, Sirey, 58, I. 365 ; Lyon, 6 juillet 1889, Dalloz, 90, II, 113.
2. Cass., 23 juillet 1844, S. 44, I, 859.

l'administration de cette preuve, un souverain pouvoir d'appréciation.

C. — Aux termes de l'article 2075 *in fine*, lorsque l'objet mis en gage est une créance ordinaire, l'acte constitutif doit, pour que la constitution du gage soit opposable aux tiers, être signifié aux débiteurs de la créance engagée.

Au contraire, lorsque l'objet engagé est un meuble incorporel autre qu'une créance, une semblable signification n'est plus nécessaire. L'article 2075, en effet, exige la signification « au *débiteur* de la créance donnée en gage ». Or, il n'y a point de *débiteur* quand le meuble incorporel n'est pas une créance.

La jurisprudence est en ce sens (1). La dation en nantissement d'un fonds de commerce peut donc être constituée sans qu'il y ait lieu de faire une semblable signification.

Nous verrons bientôt quel était, relativement au droit au bail et dans une certaine théorie, l'effet de la signification portant sur la cession de ce droit.

D. — Pour que le gage soit définitivement constitué, une dernière condition résultant de l'idée même du nantissement est exigée par les textes : il est indispensable, aux termes des articles 2076 et 2077 du Code civil, 92 du Code de commerce, qu'après s'être dessaisi de l'objet du gage, le débiteur en ait fait remise soit au créancier gagiste, soit à un tiers convenu entre les parties.

1. Cass., 6 mars 1861. Dalloz, 61. I. 412. — Cass., 20 janvier 1886. S. 86. 1. 305. — Paris, 4 juillet 1892, Dalloz, 93. II. 108.

C'est seulement à cette condition que la constitution du gage devient, en principe, opposable aux tiers.

Lorsque l'objet engagé est un meuble corporel, la mise en possession du créancier gagiste s'effectue sans difficulté ; mais lorsqu'il s'agit d'un meuble incorporel, tel qu'un fonds de commerce, la question de savoir à quelles conditions le gage peut être constitué vis-à-vis des tiers, au point de vue de la mise en possession du créancier gagiste, a soulevé des difficultés considérables, et telles qu'avant la loi de 1898 nous verrons des tribunaux consulaires se prononcer pour l'impossibilité de constituer un gage sur un fonds de commerce, par cela même que la mise en possession du créancier gagiste ne pouvait pas être réalisée.

E. — Nous nous occupons donc exclusivement ici de la question de la mise en possession accomplie au profit du créancier gagiste, lorsque le meuble incorporel engagé est un fonds de commerce.

Rappelons-le, un fonds de commerce représente un ensemble d'éléments, les uns principaux, les autres accessoires. Les éléments principaux sont tous incorporels, et, à nos yeux, l'élément dominant est l'achalandage.

Donc, lorsqu'un fonds de commerce est donné en nantissement, pour qu'il y eût réellement mise en possession du créancier gagiste, il faudrait, du moins dans notre théorie, le nantir de l'achalandage, ce qui n'était pas, on le verra, sans soulever de grosses difficultés que la loi de 1898 a cherché à faire disparaître.

Lorsque, dans ces dix dernières années, l'usage s'est généralisé de donner en gage des fonds de commerce, la jurisprudence s'est trouvée tout naturellement amenée à trancher ces difficultés ; des controverses nombreuses se sont élevées, qu'il nous faut maintenant étudier.

Section II.

Période antérieure à l'arrêt de la Cour de cassation du 13 mars 1888.

La première difficulté qui s'est élevée a été celle de savoir si, d'une manière générale, les fonds de commerce pouvaient faire l'objet d'un nantissement.

Déjà des décisions anciennes et isolées avaient posé en principe que le droit de gage consenti par un débiteur sur son fonds de commerce était nul, si ce débiteur en continuait lui-même l'exploitation (1); la mise en possession du créancier gagiste n'était pas, disait-on alors, réalisée.

Mais c'est à une époque beaucoup plus récente, que par suite du développement de la vie commerciale la question de la mise en nantissement des fonds de commerce a soulevé des controverses nombreuses, tant en jurisprudence qu'en doctrine.

Signalons tout d'abord le jugement du tribunal de commerce de Grenoble, en date du 7 août 1885 (2). Un

1. Lyon, 1er décembre 1857, D. P. 59. 1. 167; Paris, 26 juillet 1851, S. 51. 2. 619.

2. Magnier et Pruvost, *Du nantissement constitué sur les fonds de commerce*, p. 11 et suiv.

nantissement avait été consenti sur un fonds de commerce. Le créancier gagiste s'était fait remettre le contrat d'acquisition du fonds, et l'avait fait signifier au propriétaire de l'immeuble dans lequel le fonds était exploité, pour opérer tel dessaisissement que de droit.

Le titulaire du fonds de commerce étant tombé en faillite, le créancier gagiste demanda son admission sur le prix du fonds, à titre de privilégié. Le syndic ayant refusé d'admettre cette prétention, le tribunal posa en principe qu'un fonds de commerce ne peut pas être assimilé à un meuble incorporel, qu'il est d'une nature mobilière, corporelle, que par suite la mise en possession de ce fonds, pour être efficace, aurait dû être réelle, effective, et non symbolique.

Or le débiteur gagiste n'avait pas cessé d'exploiter son fonds ; par suite la prétention du créancier gagiste devait être écartée.

Celui-ci ayant fait appel de cette décision, la Cour de Grenoble (1) réforma le jugement précité.

Nous transcrivons cet arrêt, parce que, par rejet de pourvoi, les règles qu'il a posées ont été admises par la Cour suprême dans son arrêt, fondamental en la matière, du 13 mars 1888 :

« Attendu qu'il résulte de la doctrine et de la jurisprudence que les principaux éléments dont se compose, en général, un fonds de commerce, sont : 1° l'achalandage, le nom et l'enseigne ; 2° les ustensiles et marchandises ; 3° les créances actives et passives ; 4° les divers droits utiles, se rattachant à l'exploitation, tels que le

1. Grenoble, 16 avril 1886, *Rec. de Grenoble*, 1886, 199.

droit au bail, et que la réunion de ces éléments divers forme l'universalité qu'on appelle un fonds de commerce ;

« Attendu que le fonds de commerce composé de ces divers éléments constitue un meuble incorporel, et que tous les droits incorporels sans exception pouvant, suivant la jurisprudence de la Cour de cassation, être donnés en gage, le fonds de commerce dont s'agit était indubitablement susceptible de faire l'objet d'un contrat de cette nature ; que les parties ont considéré la clientèle, la dénomination de l'établissement vendu, le droit au bail, le matériel mobilier et industriel, comme faisant un seul tout qu'ils ont résumé sous la dénomination collective de fonds de commerce, lequel a été vendu pour un prix unique ;

« Attendu que le refus du tribunal à voir dans le fonds de commerce un meuble incorporel repose sur cette idée chimérique que le mobilier et le matériel industriel, compris dans la vente, l'emportent de beaucoup en valeur sur les autres choses vendues, telles que l'achalandage, le nom de l'hôtel et le droit au bail, d'où la conséquence que le caractère juridique à attribuer au fonds de commerce vendu doit être déterminé par la nature des éléments qui représentent dans la vente la valeur la plus importante, et que, ces éléments étant d'une nature purement mobilière, on ne peut qualifier le fonds de commerce vendu de meuble incorporel, d'où il suivrait que l'article 2075 du Code civil ne serait pas applicable à l'espèce ;

« Mais attendu que cette appréciation du tribunal ne repose sur aucun fondement, et qu'il n'existe pas dans la cause des éléments qui aient permis aux premiers

juges de distinguer entre la valeur du mobilier proprement dit et les autres articles qui ont fait l'objet des
actes précités ; qu'il n'est pas rare de voir, dans les
ventes de cette nature, comprendre l'achalandage, le
nom et le droit aux baux pour une valeur supérieure à
celle du mobilier industriel ; mais qu'au surplus l'appréciation du tribunal est absolument contraire au principe
consacré sans contestation par la jurisprudence, qu'un
fonds de commerce, quels que soient les éléments qui le
constituent, est un meuble incorporel ;

« Attendu qu'étant de principe que tous les droits incorporels peuvent, sans exception, suivant la jurisprudence de la Cour de Cassation, être donnés en gage,
il n'est pas douteux que le fonds de commerce dont
s'agit a pu faire l'objet d'un contrat de cette nature, et
qu'il n'y a donc plus qu'à apprécier la question de
savoir si les règles prescrites par les articles 2075 et
2076 du Code civil ont été régulièrement observées ;

« Attendu que, suivant la doctrine et la jurisprudence,
la remise du titre conférant un gage sur un meuble
incorporel suffit pour opérer la mise en possession de
son gage en faveur du créancier gagiste, et que cette
formalité répond suffisamment au vœu des articles
2075 et 2076 du Code civil, sans qu'il soit besoin d'une
tradition effective de la chose donnée en gage ; qu'aux
termes de l'article 2075, l'acte contenant la constitution
du gage doit être signifié au débiteur de la créance donnée en gage, formalité qui doit compléter la tradition
symbolique exigée ; que cette signification a été faite
pour le droit au bail, mais qu'elle n'a pu l'être pour le
surplus du fonds de commerce donné en gage ; que si

cette signification n'a pas été faite, c'est par la raison péremptoire que, pour ce surplus, il n'y a pas de débiteur ;

« Attendu qu'en prescrivant la signification au débiteur de la créance donnée en gage, l'article 2075 a eu en vue les cas les plus ordinaires, tels que dation en gage d'une créance, ou d'un droit au bail, cas dans lesquels on rencontre, en effet, un débiteur auquel la signification doit être faite ; mais que l'omission d'une formalité, impossible faute d'objet, ne saurait affecter la validité d'une constitution de gage, sur un fonds de commerce reconnu être un meuble incorporel, et par là même susceptible d'être donné en gage aux termes de l'article 2075 et de la jurisprudence la mieux établie ;

« Attendu que, par la signification faite au bailleur, Poydenot (le créancier gagiste) a fait tout ce qu'il était possible de faire, et qu'il a rempli toutes les formalités exigées par la loi ; qu'au surplus on peut dire que, dans la cause, l'élément essentiel du fonds de commerce du Spendide Hôtel de Cannes est le local où ce fonds est exploité et connu, local dont la jouissance est assurée par le bail seul ; que le fonds de commerce formant, ainsi qu'il a été dit, un *universum jus* non susceptible de démembrement, il est rationnel de considérer la partie matérielle de ce fonds comme un accessoire inséparable du droit au bail ; que, dès lors, ce droit de créance ayant régulièrement fait l'objet d'un gage à l'égard de Poydenot, soit par la remise en ses mains du titre de ce droit, soit par la notification faite à Morlot, le privilège qui en résulte au profit de Poydenot, sur le prix du fonds de commerce du Splendide Hôtel doit être maintenu. »

Le syndic de la faillite s'étant pourvu en Cassation, son recours fut rejeté par la Chambre des Requêtes, le 13 mars 1888, dans un arrêt très important en notre matière, et que nous allons maintenant commenter.

Section III

Arrêt de la Cour de Cassation du 13 mars 1888.

Voici d'abord le texte de l'arrêt de 1888 (1) :

« La Cour :

« Sur le moyen unique pris de la violation et fausse application des articles 2075, 2076, 2102 du Code civil, 91 et 92 du Code de commerce :

« Attendu que par acte notarié du 27 décembre 1881, les époux Robin ont, pour sûreté d'un prêt de 40.000 fr., donné en nantissement à Poydenot le fonds de commerce désigné sous le nom de « Splendide Hôtel », par eux exploité à Cannes, et comprenant la clientèle et l'achalandage, le droit au bail de l'immeuble, le mobilier et le matériel servant à l'exploitation ;

« Attendu que ledit fonds de commerce constituait ainsi une universalité juridique composée d'éléments divers, dont les uns, le matériel et le mobilier, étaient des meubles corporels, et dont les autres, le titre,

1. S. 88, 1, 302 ; D. P. 88, 1, 351.

l'achalandage et le droit au bail, avaient le caractère de meubles incorporels ;

« Attendu que la partie essentielle d'un fonds de commerce de cette nature est l'enseigne, l'achalandage et le droit au bail ; que ce sont principalement ces éléments qui le constituent, et que le mobilier proprement dit n'est qu'un instrument de son exploitation ;

« Attendu d'ailleurs que l'arrêt déclare que, dans l'espèce, rien ne permet d'attribuer au mobilier et au matérielle une valeur supérieure à celle des autres éléments du fonds de commerce, objet du nantissement ; qu'en jugeant dans ces circonstances que le dit fonds de commerce, pris dans son ensemble, était un meuble incorporel, la Cour de Grenoble n'a violé aucune loi ;

« Attendu que, lorsque la chose donnée en gage est incorporelle, pour opérer la constitution du nantissement et la création du privilège, il faut, mais il suffit : 1° Que le créancier gagiste ait signifié l'acte de nantissement au débiteur de la chose engagée ; 2° Que celui qui constitue le gage ait remis au créancier gagiste le titre établissant son droit sur la chose engagée ; que, dans ce cas, en effet, la tradition matérielle étant impossible, la mise et le maintien en possession du gage, exigés par l'article 2076, résultent de la remise et de la détention du titre entre les mains du créancier ;

« Attendu que, lorsque ce titre est un acte authentique, ce serait ajouter à la loi que d'exiger la remise de la grosse ; que la remise d'une expédition suffit pour opérer le dessaisissement du débiteur et l'investissement du créancier et satisfait aux prescriptions légales ;

« Attendu qu'il est constaté, par l'arrêt attaqué, que

les époux Robin ont remis à Poydenot, au moment où le nantissement était par eux consenti, une expédition de l'acte notarié établissant leur droit sur le fonds de commerce du Splendide Hôtel, et que Poydenot a, par exploit du 27 janvier 1882, fait signifier l'acte de nantissement au propriétaire de l'immeuble ;

« D'où il suit que l'arrêt attaqué, en déclarant que, dans l'espèce, le nantissement était régulier et devait produire tous ses effets légaux, n'a fait qu'une exacte application de la loi ;

Rejette ».

Les principes posés par l'arrêt du 13 mars 1888 ont eu une influence considérable sur le développement de la jurisprudence pendant ces dix dernières années. Examinons-les :

D'abord, le texte de l'arrêt pose en principe la possibilité de constituer un nantissement sur les fonds de commerce, en appliquant à ceux-ci les principes généraux du gage.

En second lieu, la Cour suprême examine à quelles conditions, d'une façon générale, le gage incorporel peut valoir vis-à-vis des tiers. Elle pose en règle que, pour que la constitution du nantissement soit valablement opérée *erga omnes*, il faut et il suffit : 1° que le créancier gagiste ait signifié l'acte de nantissement au débiteur de la chose engagée ; 2° Que celui qui constitue le gage ait remis au créancier gagiste le titre établissant son droit sur la chose engagée.

Faisant application de ces règles au fonds de commerce, l'arrêt de **1888** dispose que, *dans l'espèce qui lui est soumise*, le nantissement d'un fonds de commerce est suffisamment constitué au moyen d'une tradition *fictive*.

Cette tradition fictive, étant donnée la nature du fonds de commerce que, dans l'hypothèse, la Cour avait à examiner, est opérée, toujours d'après l'arrêt, au moyen *et* de l'une *et* de l'autre des deux formalités suivantes :

1° Remise au créancier gagiste d'une expédition du bail des lieux loués pour l'exploitation du fonds, le bail étant pour ainsi dire ici comme le titre du droit incorporel.

2° Signification du nantissement au bailleur, c'est-à-dire au propriétaire de l'immeuble dans lequel s'exploite le fonds, ce propriétaire étant considéré comme le débiteur de l'obligation correspondante au droit mis en gage.

Faisons immédiatement quelques remarques particulières.

Lorsque le bail est notarié, la grosse ne peut être remise au créancier gagiste, puisque cette grosse a été, au moment de la passation du contrat de bail, remise au bailleur.

La remise d'une simple expédition du contrat de bail suffit alors, d'après la théorie de l'arrêt de 1888, et comme un contrat de bail peut être expédié en un nombre indéfini de copies, le fait que le créancier gagiste a reçu de son débiteur une de ces expéditions ne prouve pas qu'il ait acquis sur le fonds de commerce un droit exclusif ; par suite d'une fraude par trop facile le fonds de commerce pourra ainsi être engagé plusieurs fois, sans qu'il soit possible de s'en assurer d'une façon certaine.

Il peut également arriver que l'immeuble, dans lequel le fonds de commerce est exploité, appartienne au propriétaire de ce même fonds de commerce.

Comment appliquer alors le mode de nantissement que, vis-à-vis des tiers, préconise l'arrêt ? Comment aura lieu la remise du titre du droit au bail, puisqu'il n'y a pas de bail ? Comment aura lieu la signification du nantissement au bailleur, puisque celui-ci n'existe pas, ou, si l'on aime mieux, se confond avec le débiteur gagiste ?

Dans ce cas, le nantissement est évidemment impossible, si l'on veut le réaliser en se conformant à la règle posée dans l'arrêt de 1888.

Revenons maintenant à l'examen de la doctrine posée dans l'arrêt. Il importe de remarquer que la Cour suprême n'a pas, en indiquant les éléments essentiels du fonds de commerce et le mode de donner celui-ci en nantissement, entendu formuler une règle absolument générale : Elle dit que la partie essentielle d'un fonds *de cette nature* (il s'agissait d'un hôtel meublé) est l'enseigne, l'achalandage et le droit au bail : ce sont principalement ces éléments qui le constituent, et le mobilier proprement dit n'est qu'un instrument de son exploitation.

Telle est la constatation de la Cour qui ajoute : « Attendu que l'arrêt attaqué déclare que, *dans l'espèce*, rien ne permet d'attribuer au mobilier et au matériel une valeur supérieure à celle des autres éléments du fonds de commerce, objet du nantissement ».

On le voit, la Cour suprême prend, dans la question de savoir à quels éléments il faut rattacher les caractères essentiels des fonds de commerce, parti pour le système que nous avons rejeté, c'est-à-dire pour celui qui consiste à rechercher, parmi les divers éléments qui composent le fonds, quels sont ceux, corporels ou incorporels, qui ont la plus grande valeur, au lieu de rattacher la nature juridique des fonds uniquement et exclusivement à celle de l'achalandage et des éléments incorporels qui s'y rattachent.

Par suite, il semble résulter *a contrario* des dispositions de l'arrêt de 1888, et par application de la doctrine adoptée par celui-ci, que si le juge estime que la valeur des éléments corporels (c'est-à-dire celle du matériel) est l'élément le plus important qui constitue le fonds, ce fonds devrait être considéré comme étant une valeur mobilière corporelle ordinaire, et les règles relatives à la mise en gage des meubles corporels ordinaires deviendraient applicables.

En résumé, nous ne croyons pas que la Cour de Cassation ait entendu poser en règle ce principe, que cependant nous estimons le seul juridique, à savoir que la partie essentielle de tout fonds de commerce est l'achalandage, l'enseigne et le droit au bail, que ce sont principalement ces éléments qui le constituent, en telle sorte que le mobilier proprement dit n'est qu'un instrument accessoire de son exploitation.

Après avoir constaté que, *dans l'espèce qui lui était soumise*, la partie immatérielle était l'élément le plus important du fonds, la Cour recherche, parmi les élé-

ments immatériels, ceux ou celui qui peuvent être uti-
lisés en vue d'une publicité à donner au nantissement, et
elle se sert du droit au bail pour réaliser cette publicité.

Observons immédiatement que cette publicité sera
forcément insuffisante, non seulement parce qu'en fait
le moyen de la réaliser n'est pas assez apparent, mais
encore parce qu'en droit la Cour, n'ayant à sa disposition qu'une législation alors incomplète, essaye de
rendre publique la mise en gage du droit au bail, droit
immatériel accessoire, alors que l'élément essentiel des
fonds est l'achalandage.

Logiquement, nous l'avons dit, la publicité aurait dû
porter sur l'achalandage, élément caractéristique du
fonds. Nous reconnaissons d'ailleurs que, faute de texte,
cette publicité était très difficile à organiser, mais nous
pensons en même temps que l'erreur dans laquelle on
est ainsi tombé en faisant porter la publicité du nantissement sur le droit au bail a été la source des inextri-
cables difficultés que l'application de l'arrêt de 1888 a
fait surgir, difficultés que nous allons examiner (1).

---

(1) L'arrêt de 1888, de même que l'arrêt de la Cour de Grenoble, à
propos duquel il est intervenu, considèrent tous les deux le fonds de
commerce comme une universalité juridique. Au début de cette étude,
nous avons réfuté cette théorie ; du reste, les deux arrêts ne semblent
pas attacher à l'idée qu'ils expriment sur ce point une bien grande
importance.

Section IV

Conséquences de l'arrêt de 1888.

§ 1er. — *Système des cours d'appel.*

Généralisant la doctrine que, pour le cas spécial de l'hôtel meublé, contenait l'arrêt de la Cour de cassation du 13 mars 1888, les cours d'appel, et celle de Paris en particulier, ont d'abord posé en principe, et à notre sens avec raison, que, dans tous les cas, les éléments incorporels dominaient dans la notion du fonds de commerce.

Puis, s'agissant de rendre opposable aux tiers le nantissement de tels fonds, les cours ont seulement, et *quels que fussent ceux-ci*, exigé, pour la validité de ce nantissement *erga omnes* : 1° la remise, au créancier qu'on veut nantir, du titre d'acquisition du fonds de commerce, quand ce titre existe, ainsi que la remise du bail considéré, à tort suivant nous, comme le titre du droit incorporel ; 2° La signification du nantissement au propriétaire bailleur considéré comme le débiteur de l'obligation correspondante au droit mis en gage.

En d'autres termes le droit au bail, droit accessoire, était l'élément à propos duquel on essayait, en appliquant sur ce point les règles relatives aux meubles incorporels, d'organiser une sorte de publicité du nantis-

sement du fonds de commerce, alors que celui-ci comprend, d'après nous, un élément principal différent, l'a-
chalandage.

Mais, ainsi qu'on l'a exactement remarqué, « à côté
de l'achalandage et de l'enseigne commerciale, le droit
au bail n'a jamais qu'une importance médiocre.

La signification du bail au bailleur n'est donc pas
une publicité suffisante, si l'on applique rigoureusement
les principes sur lesquels s'appuie la jurisprudence
pour réglementer le nantissement des fonds de commerce » (1).

En fait, nous l'avons dit, cette publicité vis-à-vis des
tiers est absolument insuffisante. De nouveaux créanciers peuvent recevoir en gage le même fonds de commerce, et cela indéfiniment, sans qu'un moyen efficace
soit offert aux tiers pour savoir si le fonds est déjà engagé.

A un autre point de vue, ce mode de nantissement
dans lequel aucun nantissement n'était visible, créait
pour les simples créanciers chirographaires des dangers
sur lesquels les syndics ne manquaient pas d'attirer l'at-
tention des cours : Les créanciers chirographaires de
la faillite, en effet, se trouvaient réduits à des dividen-
des illusoires par suite de l'apparition imprévue d'un
privilège de gagiste, privilège que rien ne faisait prévoir, et qui venait ainsi absorber le plus net de l'actif
résultant de la conversion en argent du fonds de commerce du failli.

Rappelons également que si le fonds et l'immeuble
dans lequel il est exploité appartiennent au même pro-

1. Wahl, *Journal du Palais*, 1897, 2ᵉ partie, p. 91, en note.

priétaire, qui a d'ailleurs créé le fonds, l'application de la théorie des cours d'appel conduisait à une impossibilité. En telle sorte que, tout en formulant sa doctrine, la Cour de Paris en reconnaissait elle-même les inconvénients : « Attendu que le nantissement régulièrement constitué sur les éléments incorporels du fonds de commerce s'est virtuellement étendu sur ses éléments corporels, ceux-ci se confondant avec ceux-là et ne formant ensemble qu'un seul et même tout ; que l'objection tirée par le syndic de la difficulté, pour les tiers, de connaître un nantissement constitué par une simple remise de titre, n'est pas mieux fondée en droit ; que, quelle que soit en fait la réalité du danger signalé par le syndic, la loi est restée muette sur les moyens de le prévenir, et qu'il n'appartient pas au juge d'ajouter à ses dispositions » (1).

Le 26 février 1895, la Cour de Paris formulait encore la même doctrine (2).

La Cour de Lyon, dans son arrêt du 14 mars 1895, l'adoptait également (3) : « Si l'article 2075 du Code civil prescrit en principe la signification de l'acte constitutif du gage au débiteur de l'objet sur lequel le gage est constitué, cette disposition ne vise, d'après son texte même, que les créances en nantissement, et reste forcément inapplicable aux autres meubles incorporels qui, comme les fonds de commerce, ne consistent pas dans un droit sur un tiers auquel la signification pourrait être

1. Paris, 21 juillet 1892, Magnier et Pruvost, p. 35, en note.

2. Paris, 26 février 1895, Magnier et Pruvost, p. 41 ; *Gaz. Pal.*, 95, I, 392.

3. Lyon, 14 mars 1895, *J. Palais*, 97, II, 89. *Gaz. Pal.*, 95, 2, 315.

faite. En tous cas, le créancier se conforme, dans la mesure où cela lui est possible, à la prescription de cet article, en faisant signifier son titre au propriétaire de l'immeuble sur lequel s'exerce le droit au bail compris dans l'ensemble du fonds de commerce qui lui a été donné en gage ».

Le texte de cet arrêt nous montre bien que, d'après la Cour, le mode de mise en gage des fonds est toujours le même, quel que soit, dans le fonds, l'élément qui a le plus de valeur ; et le droit au bail est l'élément dont on se servira pour réaliser, vis-à-vis de tous, l'existence du contrat de nantissement.

Le Tribunal civil de la Seine, le 15 janvier 1895, et et la Cour de Paris, le 4 janvier 1896 (1), ont donné des solutions dans le même sens : « Attendu, dit ce dernier arrêt, que le nantissement a porté, non sur le fonds de commerce et sur le matériel et les marchandises considérés isolément, mais sur tous ces objets réunis et confondus en une seule et même universalité ; qu'une telle convention n'est contraire ni à la loi ni à l'ordre public et doit en conséquence recevoir son entière exécution, lorsqu'elle est accompagnée des formalités propres à la rendre opposable aux tiers ; que le caractère juridique d'une universalité de fait ainsi créée par la volonté des parties ne peut être autre que celui de son élément principal et essentiel ; que, *dans l'espèce*, cet élément a consisté dans le fonds de commerce dont ce matériel et les marchandises n'étaient que l'accessoire et se sont confondus avec lui dans un ensemble de nature mobilière et incorporelle ».

1. *J. du Palais*, 1897, t. II, 89 ; *Gaz. Pal.* 96, 1, 410.

Telles sont les principales décisions filiales (1) qui ont été rendues à la suite de l'arrêt fondamental du 13 mars 1888. Nous avons à nous demander maintenant quel accueil fut fait par les juridictions consulaires à la doctrine de cet arrêt.

§ 2. — *Système des Tribunaux consulaires.*

Le danger résultant de l'absence de publicité effective pour les dations en nantissement des fonds de commerce était trop certain, les résultats de cette clandestinité étaient trop contraires à l'équité, quelles que fussent d'ailleurs les formalités remplies relativement au droit au bail, élément accessoire, pour décider les Tribunaux de commerce à accepter les théories que les décisions des Cours d'appel faisaient découler de l'arrêt de Cassation du 13 mars 1888.

Tout au début, le Tribunal de commerce de la Seine admit cependant que le nantissement d'un fonds de commerce était valable, *erga omnes*, lorsque les deux formalités préconisées par la Cour suprême, et tirées de l'application des principes au droit incorporel de bail, avaient été observées.

Le 5 juin 1891, il rendit un jugement de tous points conforme à l'arrêt de Grenoble et à celui de la Cour de Cassation (2) : « Attendu que la partie essentielle d'un

1. *Adde :* Paris, 7 août 1897, *Gaz. Pal.* du 1er mars 1898 ; Paris, 6 juin 1896, *Gaz. Pal.* 96, 2, 232 ; Paris, 22 octobre 1896, *Gaz. Pal.* 96, 2, 561.

2. Magnier et Pruvost, p. 28.

fonds de commerce *de cette nature* est l'enseigne, l'achalandage et le droit au bail ; que ce sont principalement les éléments qui le constituent, et que le mobilier proprement dit n'est qu'un instrument de son exploitation, alors et surtout que, comme dans l'espèce, rien ne permet d'attribuer au matériel une valeur supérieure à celle des autres éléments du fonds de commerce, objet du nantissement ;

« Attendu que le principe qu'un fonds de commerce, quels que soient les éléments qui le constituent, est un meuble incorporel, est consacré sans contestation par la jurisprudence ; qu'il est encore de principe, suivant la jurisprudence de la Cour de Cassation, que tous les droits incorporels peuvent sans exception être donnés en gage ; qu'en effet, l'on ne saurait admettre que celui qui possède un droit incorporel ne puisse en disposer, en observant les règles prescrites par la loi ; que le fonds de commerce dont il s'agit a donc pu valablement faire l'objet d'un contrat de nantissement ; qu'il convient seulement d'apprécier si les règles prescrites par les articles 2075 et 2076 du Code civil ont été régulièrement observées ;

« Attendu qu'il a été souverainement décidé par la Cour de cassation (13 mars 1888, *Gaz. Pal.* 88. 1. 649) que, lorsque la chose donnée en gage est incorporelle, pour opérer la constitution du nantissement et la création du privilège, il faut, mais il suffit :

1° Que le créancier gagiste ait signifié l'acte de nantissement au débiteur de la chose engagée ; 2° que celui qui constitue le gage ait remis au créancier gagiste le titre établissant son droit sur la chose engagée ; que dans ce cas, en effet, la tradition matérielle étant impossible, la mise et le maintien en possession du gage, exigés par l'article 2076 du Code civil, résultent de la remise et de la détention du titre aux mains du créancier ».

Mais, bientôt, les syndics signalent aux juridictions consulaires les dangers résultant d'une mise en gage où d'une part aucune mise en possession matérielle n'a lieu, et où, d'autre part, les seules formalités pouvant ressembler à une tentative de publicité restent absolument ignorées des tiers, par cela même qu'aucun moyen ne leur est donné pour diriger, avec chance de succès, leurs investigations sur ce point.

Nous allons voir les juridictions consulaires exiger un dessaisissement ostensible pour que la mise en gage vaille vis-à-vis des tiers. Et les tribunaux de commerce s'estiment d'autant moins obligés à consacrer des privilèges dont l'iniquité apparaît évidente, que ces privilèges ont été conservés seulement grâce à l'application des règles existant en matière de gage incorporel, à un élément, le droit au bail, qui, quelle que soit sa valeur, n'en est pas moins, juridiquement, un élément de second plan parmi ceux qui constituent le fonds.

En conséquence, le 9 janvier 1892, le Tribunal de commerce de la Seine dispose ainsi, toujours à propos de la demande d'admission, dans une faillite, à titre privilégié : « Attendu que le fonds de commerce d'un commerçant constitue le gage commun et apparent de ses créanciers ; qu'il engendre la foi des tiers et qu'il ne peut dépendre d'un acte resté sans publicité et par conséquent ignoré des intéressés, de distraire ce fonds de l'actif de la masse des créanciers ;

« Attendu que si la théorie de la demanderesse était admise, elle aurait pour résultat, en cas de faillite du débiteur, de créer au profit du créancier gagiste qui n'a pu ou n'a pas voulu exercer le droit privilégié qu'il tenait du contrat de gage dont il était bénéficiaire, un nouveau privilège opposable à la masse, privilège non compris parmi ceux limitativement indiqués par la loi, et que le vendeur d'un fonds ne possède pas en cas de faillite de son acheteur ; qu'en conséquence, la veuve Dupuis ne saurait être admise à titre privilégié au passif de la faillite pour le montant d'une créance pour laquelle une sûreté spéciale lui avait été consentie par un contrat qui, fût-il valable, est tout au moins caduc, le gage qu'il comportait n'ayant pas été appréhendé par elle. »

En sorte que le jugement va jusqu'à décider, au nom de l'équité, que si le débiteur qui donne son fonds en gage continue à l'exploiter, le nantissement ne se forme pas, la loi, d'après le Tribunal de commerce, ayant voulu un dessaisissement visible pour créer une publicité : « Attendu, en droit, que le contrat de gage est un contrat essentiellement réel ; qu'il est de l'essence de ce contrat que la tradition de l'objet donné en gage soit réellement effectuée et que le débiteur soit dessaisi ; qu'en l'espèce, il est établi qu'il n'y a pas eu remise du gage, conformément aux prescriptions de l'article 2076 du Code civil, et que la veuve Buard a conservé son fonds ; qu'on ne saurait admettre qu'un commerçant peut valablement donner en nantissement le fonds de commerce où il exploite son industrie, et en continuer lui-même l'exploitation ; qu'il convient donc de reconnaître d'ores et déjà que le contrat de gage dont il s'agit manque des conditions de dessaisissement qui seules justifient le privilège qui s'attache à la qualité de créancier gagiste » (1).

La même doctrine se retrouve encore, avec des motifs identiques et rédigés avec les mêmes termes, dans un jugement du Tribunal de commerce de la Seine, du 24 août 1893 (2).

Le jugement du Tribunal de commerce de la Seine, du 4 avril 1894, renforce encore les théories précédentes par des considérations tirées des articles 91 et 92 du Code de commerce (tels que la loi de 1863 les a modifiés) : « Attendu que le contrat de gage d'objets incorporels est régi, en matière de commerce, non seulement par les dispositions des articles 2071 et suivants du Code civil, mais encore par celles des articles 91 et 92 du Code de commerce ; qu'il ressort d'une façon indubitable des prescriptions légales sus-visées que la tradition de l'objet donné en gage n'est réellement effectuée que lorsque le débiteur sera effectivement dessaisi dudit objet entre les mains du créancier ; qu'il est constant que la prétention des défendeurs qui consiste à assimiler un fonds de commerce à un objet incorporel ne peut empêcher que ce fonds ne soit inséparable des éléments matériels et apparents qui le constituent et font connaître son existence aux tiers ; que, d'autre part, un

1. Trib. com. Seine, 9 janvier 1892, Magnier et Pruvost, p. 36 et 37, *en note* ; *Gaz. Pal.* 92, 1, 327.

2. Magnier et Pruvost, p. 38 et 39, *en note* ; *Adde* : Trib. com. Seine, 10 janv. 1894, *Gaz. Pal.* 94, 1, 152.

fonds de commerce constitue au premier chef, dans toutes ses parties, un actif apparent, sur l'importance duquel les tiers règlent généralement leur crédit, et que dès lors on ne saurait considérer comme valable la dation en gage d'un fonds de commerce dont le débiteur conserve la possession apparente, et dont il continue l'exploitation, sans qu'aucun signe extérieur révèle aux tiers qui sont appelés à lui faire confiance, qu'il n'a plus la libre disposition de cet élément d'actif ; que la tradition matérielle imposée par la loi ne saurait être utilement suppléée par celle qui résulterait d'un acte resté sans publicité et par conséquent ignoré des intéressés » (1).

Dans son jugement du 13 décembre 1894 (2), et tout en restant fidèle à sa théorie générale, qu'il applique à nouveau, le Tribunal de commerce de la Seine observe qu'un bail peut être établi en autant d'expéditions qu'il plaît aux intéressés ; que la Cour de cassation a jugé que la remise d'une expédition aux mains du créancier nanti est suffisante pour régulariser le nantissement, sans qu'il soit nécessaire de faire tradition de la grosse elle-même ; que la remise d'une de ces expéditions ne crée qu'une apparence de privilège en réalité sans valeur, puisqu'alors rien n'empêche le commerçant de mauvaise foi de constituer, sur le même fonds, un nombre indéfini de nantissements.

Les mêmes principes sont encore reproduits par le Tribunal de commerce de la Seine, le 26 février 1895 (3),

1. Trib. com. Seine, 4 avril 1894, *J. P.* 1897, II, 95.
2. *J. des Faillites*, 1895, p. 81. — *Droit* du 6 janvier 1895 ; *Loi* 29 déc. 1894.
3. *J. du Palais*, 1897, II, p. 96, *Gaz. Trib.* du 13 mars 1895.

par le Tribunal de commerce de Saint-Étienne, le 10 janvier 1894 (1) ; par le Tribunal de commerce de la Seine, le 6 août 1895 (2).

Pour terminer cette revue de la jurisprudence des tribunaux consulaires. dans la période antérieure à la loi nouvelle de 1898, il importe de citer le jugement du Tribunal de commerce de la Seine, du 18 janvier 1896, qui introduit dans toute cette théorie un élément nouveau de discussion, les dispositions de l'article 1172 du Code civil (3).

Ce jugement n'aboutit à rien moins qu'à décider que, dans l'état de la législation, la mise en nantissement d'un fonds de commerce est nulle dans tous les cas, parce qu'elle est radicalement impossible. Voici les principaux motifs de cette très importante décision : « Attendu que la possession d'un fonds de commerce ne consiste pas en la détention seulement d'un objet mobilier ou d'un droit incorporel, mais d'un ensemble d'objets mobiliers et de droits incorporels formant un tout indivisible qui doit, pour ne point périr, être géré et administré d'une façon continue et ininterrompue ; que les nécessités et les conséquences de cette gestion sont un obstacle insurmontable à l'établissement pur et simple du dépôt aux mains du créancier de la chose donnée en gage ; que cet obstacle est le même pour le dépôt aux mains d'un tiers convenu ; attendu que le titulaire d'un fonds de commerce ne saurait, en fait, que

1. *J. du Palais*, 1897, II, p. 93.
2. *La Loi*, 14 sept. 1895 ; *Gaz. Pal.* 95, 2, 348 ; *Adde :* Trib. com. Seine, 21 nov. 1895, *Gaz. Pal.*, 96, 1, 194.
3. *J. Palais*, 1897, II, 97 ; *Gaz. Pal.*, 96, 1, 258.

le gérer lui-même ou le faire gérer par un tiers son mandataire ; que s'il en était autrement, le débiteur cesserait son commerce et disparaîtrait au regard des tiers ; qu'en l'espèce, et en admettant pour un temps que les prétentions de la demanderesse puissent être accueillies, la situation qui en résulterait ne comporterait que deux hypothèses : remise du fonds de commerce entre les mains du créancier, ou remise de ce fonds entre les mains d'un tiers convenu ;

Attendu que, dans l'un et l'autre cas, la gestion devrait appartenir, soit au créancier, soit au tiers convenu, car autrement il n'y aurait pas dessaisissement ;

Attendu que, dans le premier cas, le créancier ne saurait gérer pour son propre compte ; car, ce faisant, il ferait acte de propriétaire et n'aurait pas reçu livraison de la chose cédée ; que le contrat de vente n'aurait point été accompli ; que d'un autre côté, il ne saurait gérer, aux risques et périls de son débiteur, sans être le mandataire de celui-ci, ce qui rendrait fictif le dessaisissement.

Attendu que, dans la deuxième hypothèse, le tiers convenu, mandataire des deux parties quant au dépôt, ne serait également que le mandataire du débiteur quant à la gestion, et que la situation serait identique à celle de la première hypothèse ;

Attendu, en outre, que l'on se demande, dans l'un et l'autre cas, quelle serait la situation des tiers qui feraient confiance au fonds de commerce, et s'il serait possible d'admettre, vis-à-vis de ces tiers, la responsabilité du titulaire du fonds dessaisi de son administration, spectateur des fautes commises, mais incapable d'intervenir sans faire cesser le dessaisissement, condition essentielle du nantissement ; que l'on arriverait à cette situation incompréhensible d'un fonds de commerce appartenant à un titulaire irresponsable, et administré par un gérant également irresponsable, qui n'aurait que la qualité de dépositaire ;

Attendu, dès lors, que si le nantissement d'un fonds de commerce sans dessaisissement est nul comme contraire aux prescriptions de la loi, en matière de gage, ce nantissement avec dessaisissement est également nul comme constituant la condition impossible prévue par l'article 1172 du Code civil ».

Cette décision s'analyse ainsi : 1° d'après une jurisprudence constante des tribunaux de commerce, le nantissement sans dessaisissement effectif et ostensible est nul ; 2° le dessaisissement lui-même n'est pas possible et par suite le nantissement avec dessaisissement constitue la condition impossible de l'article 1172 du Code civil.

En effet, ou bien le débiteur, n'ayant plus l'administration du fonds de commerce qu'il a donné en gage, devrait être cependant déclaré responsable, vis-à-vis des tiers, à raison des fautes que commettrait le créancier gagiste gérant ou un tiers convenu, et cela serait injuste ; — ou bien le débiteur gagiste devrait être déclaré irresponsable et alors ce fait que les tiers se trouveraient en présence d'un gérant et d'un débiteur gagiste, tous les deux irresponsables, constituerait une nouvelle impossibilité.

Nous n'admettons pas ce raisonnement ; les objections du tribunal de commerce à la validité des nantissements des fonds de commerce sont peut-être très pratiques, mais elles ne sont pas juridiques : « Ce n'est, dit très exactement M. Wahl(1), qu'une objection de sentiment; elle explique que la Jurisprudence des cours d'appel se soit crue obligée de permettre au débiteur de rester en possession du fonds donné en gage, et elle appelle une modification législative ; mais elle n'a aucune importance en droit : le créancier ou le tiers convenu qui exploitent le fonds de commerce remis en gage, n'en sont pas propriétaires : les actes qu'ils accomplissent sont donc faits pour le compte du débiteur ; cela est fâcheux pour celui-ci sans doute ; mais comme le gage est un contrat, c'est-à-dire un acte volontaire, le débiteur serait mal venu à répudier les obligations qui, de cette exploitation, naissent à sa charge. »

Telle a été, jusqu'à la loi nouvelle de 1898, la doctrine des tribunaux consulaires.

On voit qu'elle était diamétralement opposée à celle des cours d'appel et au principe fondamental de l'arrêt de cassation de 1888.

Nous allons maintenant examiner, *en droit*, quelles étaient celles de ces théories qui étaient le plus en harmonie avec les règles que nous avons établies sur la nature juridique des fonds de commerce.

1. *Note, J. du Palais*, 1897, II. 91.

Section V.

Examen critique des systèmes en présence avant la loi de 1898.

En tenant compte des différentes décisions de la jurisprudence et des opinions des auteurs, on peut, en se plaçant à une époque quelque peu antérieure à la loi du 1er mars 1898, ramener à trois les systèmes préconisés à propos de la mise en nantissement des fonds de commerce.

Cette étude n'est pas inutile, car, même sous l'empire de la loi nouvelle, ces opinions diverses n'ont pas complètement disparu.

Dans un premier système, on considère séparément les différents éléments que l'on reconnaît exister dans un fonds de commerce, et l'on applique à chacun de ces éléments, considérés isolément, les règles exigées pour la mise en gage.

Dans un second système, le fonds de commerce constituant une universalité homogène, épousant tout entier le caractère de son principal élément, on devra employer, suivant les cas, pour la mise en gage, les règles relatives aux éléments corporels ou aux éléments incorporels.

C'était en principe, nous l'avons vu, la théorie de la Cour de cassation, dans son arrêt du 13 mars 1888.

Enfin, dans une dernière opinion, le fonds de commerce constitue une universalité homogène dans laquelle les éléments incorporels, dont l'essentiel est l'achalandage, dominent toujours.

Reprenons ces trois systèmes en essayant de démontrer que, sous l'empire de la législation antérieure à la loi nouvelle on arrivait toujours, quel que fût le système adopté sur le nantissement du fonds, soit à des injustices, soit à des impossibilités.

§ 1ᵉʳ. — *Premier système.*

Dans une première opinion, on soutient que le fonds de commerce ne constitue pas un tout unique et que les divers éléments doivent en être envisagés isolément ; par suite, la mise en gage d'un fonds de commerce ainsi considéré se trouvera soumise aux règles suivantes :

1° Il faudra tout d'abord mettre en possession du matériel et des marchandises garnissant le fonds, soit le créancier gagiste, soit le tiers convenu (1).

Il est certain qu'une semblable mise en possession, tant du matériel que des marchandises est, à la rigueur, possible, quoi qu'ait dit sur ce point le jugement du Tribunal de commerce de la Seine de 1896, jugement rapporté plus haut.

On ajoute que le dessaisissement matériel est exigé

1. Thaller, *Annales de Dr. comm.*, 1889, p. 221.

par l'article 2076 du Code civil; que si les marchandises ou bien le matériel étaient donnés en gage, abstraction faite des autres éléments constituant le fonds, ce dessaisissement devrait être nécessairement opéré (1).

Par suite, conclut-on, si la mise en gage du matériel nécessite le dessaisissement quand ce matériel est engagé à part, il faut que les mêmes formalités soient opérées, quand ce matériel est engagé avec d'autres biens.

Nous avons montré plus haut quels seraient les inconvénients ou même les impossibilités pratiques auxquelles on aboutirait avec cette manière de faire.

2° Le nantissement qui porte sur les fonds de commerce doit, pour être opposable aux tiers, être réalisé à l'aide de la mise en possession de l'achalandage, du droit au bail et du nom commercial.

Comment réaliser cette mise en possession ?

Nous avons vu que, d'après la jurisprudence, les titres d'acquisition étaient seuls susceptibles de possession, en telle sorte que la remise des titres d'acquisition opérerait ici prise de possession par le créancier gagiste. Mais on peut remarquer que, malgré la possession des titres d'acquisition du fonds, le créancier gagiste n'aurait pas la possession de son gage, si l'exploitation de ce fonds reste au débiteur. Du reste, avant la loi nouvelle, les tiers n'avaient que ce moyen, résultant de la dépossession apparente du débiteur, d'être prévenus du privilège qui, éventuellement, peut les menacer.

1. En ce sens : Trib. Com. Seine, 3 septembre 1890. *La Loi* du 21 septembre 1890.

En somme il faut, dans ce système, que le créancier gagiste, ou un tiers convenu, prenne réellement possession du fonds de commerce, c'est-à-dire se mette à exploiter celui-ci au lieu et place du débiteur.

Nous avons signalé les dangers et les inconvénients pratiques d'une semblable dépossession ; nous pensons qu'elle ne peut pas se concilier avec les intérêts bien entendus de la gestion des établissements commerciaux.

En tous cas, nous estimons inutile la remise au créancier des titres d'acquisition et du bail des lieux : « C'est une erreur certaine, écrit M. Wahl ; elle nous reporte aux époques formalistes où la possession supposait un contact matériel avec une chose, et où par suite les meubles corporels seuls étaient susceptibles de possession ; l'article 2075 lui-même montre que les meubles incorporels peuvent être possédés ; il tombe d'ailleurs sous le sens que si une personne exploite un fonds de commerce, traite avec la clientèle, occupe les lieux, c'est cette personne qui a la possession du fonds et non pas le tiers qui conserve par devers lui les titres d'acquisition ».

3° La mise en gage du droit au bail, droit considéré dans ce système comme un élément distinct et indépendant des autres éléments constitutifs du fonds de commerce, doit être signifiée au bailleur, conformément aux principes généraux (1).

(1) Paris, 11 avril et 31 mai 1866, S. 66, II, 315. Aubry et Rau, t. IV, p. 705, § 432, texte et note 17. Guillouard, n° 52. Pont, *Petits Contrats*, t. II, n° 1133.

En résumé, dans cette première opinion, que nous repoussons, on arrive, en ce qui concerne les formalités à suivre, aux conséquences suivantes :

a. — Le créancier (ou le tiers convenu) doit être mis en possession du matériel et des marchandises ;

b. — Le créancier doit être mis en possession de l'achalandage, du droit au bail et du nom commercial ;

c. — Les titres d'acquisition et le bail des lieux où s'exploite le fonds n'ont pas, légalement parlant, à être remis au créancier.

d. — Le nantissement du droit au bail compris dans le fonds de commerce doit être signifié au bailleur.

Concluons : « Ce système est entaché d'un vice capital et prohibitif : Forcer le débiteur qui veut donner son fonds de commerce en gage, à le faire exploiter par un tiers, sans compétence et sans responsabilité, c'est le mettre évidemment dans une fâcheuse nécessité ; c'est, en fait, proclamer par une voie détournée l'impossibilité du contrat qui nous occupe, ainsi que l'a fait le tribunal de commerce de la Seine, aux termes de sa dernière jurisprudence » (1).

§ 2. — *Deuxième système.*

Si, contrairement à notre système sur la nature juridique et les éléments caractéristiques du fonds de com-

(1) *Lois nouvelles*, 1898, 1re partie, p. 173.

merce, nous appliquons, avec une grande partie de la jurisprudence, la règle : *Accessorium sequitur principale*, nous devrons considérer le fonds comme une universalité qui se reflète dans son élément le plus important.

Par suite nous rechercherons, parmi ces éléments quel est celui qui, en fait, dans chaque cas particulier, possède la plus grande importance ou la plus grande valeur.

Puis, cette recherche terminée, nous appliquerons les règles relatives à la mise en gage de cet élément.

Enfin, une fois ces règles appliquées, le fonds de commerce se trouvera valablement engagé *pour le tout*. Examinons maintenant les conséquences de ce principe général :

a. — L'élément corporel, c'est-à-dire le matériel (1), est le plus important. Nous aurons donc à appliquer ici les règles du nantissement des choses corporelles, c'est-à-dire à déposséder effectivement le commerçant titulaire du fonds au profit du créancier gagiste qui gérerait alors ce fonds ou le ferait gérer. C'est précisément cette manière de faire que le tribunal de commerce de la Seine, en 1896, estimait être une impossibilité.

Nous ne croyons pas qu'il faille aller jusqu'à dire, que,

---

(1) Nous évitons de parler ici des marchandises, parce que nous estimons, ainsi que nous l'avons dit plus haut, que le fonds de commerce ne devrait pas les comprendre, et que, par suite, à moins d'une stipulation contraire, la mise en nantissement du fonds ne devrait pas porter sur ces marchandises. Nous reconnaissons d'ailleurs que la jurisprudence, en principe, est opposée à notre doctrine.

dans tous les cas, il y aurait, à agir ainsi, une impossibilité absolue, juridique ; mais les conséquences d'une semblable dépossession, dans la plupart des cas, seraient tellement désastreuses pour les propriétaires des fonds de commerce, qu'il vaudrait mieux encore déclarer le fonds insusceptible de tout nantissement : « Nous reconnaissons, dit M. Wahl, que les inconvénients de notre système sont également sensibles, et ce sont vraisemblablement ces inconvénients qui ont déterminé la jurisprudence : forcer le débiteur qui veut donner son fonds en gage à le faire exploiter par un tiers qui n'a ni compétence ni responsabilité, c'est le mettre évidemment dans une fâcheuse nécessité ; et cela explique aussi, comme nous l'avons dit, que, dans sa dernière jurisprudence, le tribunal de commerce de la Seine ait admis la nullité de nantissements portant sur les fonds de commerce » (1).

b. — Le droit au bail est l'élément qui, dans l'espèce, présente le plus de valeur. Alors nous devrons admettre les solutions préconisées par la Cour de cassation, dans son arrêt du 13 mars 1888, c'est-à-dire que nous devrons opérer la mise en gage sans dessaisissement ostensible, créant ainsi une situation équivoque, contre laquelle les juridictions consulaires se sont, ainsi que nous l'avons vu, élevées avec raison.

c. — Il est possible que l'élément de plus grande valeur soit le nom commercial et l'achalandage. On peut, en effet, aisément imaginer cette hypothèse : c'est ainsi,

(1) *J. du Palais* 1897, II, p. 93, *en note.*

disent MM. Magnier et Pruvost, page 57, « que des raisons sociales ou des noms tels par exemple que le *Louvre*, le *Bon Marché*, ou telles autres maisons universellement connues et recherchées par la faveur du public, ont une telle valeur que celle des marchandises et du matériel qui en dépendent, si considérable qu'elle soit, ne saurait leur être comparée. Mais il faut considérer en pareil cas que cette valeur est indépendante d'un droit au bail (Le *Printemps* s'est déplacé sans perdre sa clientèle et le *Bon Marché* ou le *Louvre* pourraient en faire autant sans perdre le prestige de leur nom). Une telle valeur est une propriété du fonds qui ne correspond à l'obligation de personne.

On cherche vainement à qui pourrait en être signifié le transport, et la signification, en pareil cas, de la cession d'un droit au bail au propriétaire (s'il y avait un propriétaire et un bail), faite pour rendre opposable aux tiers le nantissement constitué sur le titre, ne serait plus qu'une parodie de la pensée du législateur ».

En résumé, avec le second système, et quel que soit l'élément qui prédomine, on arrive soit à une impossibilité, soit à un danger pour le crédit, soit à une fraude. Et si l'on admettait le système des cours d'appel qui déclarent le nantissement valable quand les règles relatives à la mise en gage du droit au bail ont été observées, et cela quelle que fût la valeur respective des différents éléments du fonds, on créerait une situation équivoque, grâce à laquelle toutes sortes de fraudes pourraient être commises.

§ 3. — *Troisième système.*

Pour nous, qui estimons que le principal élément qui constitue le fonds de commerce est toujours l'achalandage et le nom commercial, nous pensons que, pour rendre la mise en gage opposable aux tiers, on doit s'attacher exclusivement à ce principal élément.

Il peut arriver, en effet, que la valeur du matériel ou du droit au bail soit supérieure à la valeur actuelle de l'achalandage ou du nom commercial.

Mais cette circonstance ne nous semble pas devoir modifier l'idée que l'on doit se faire du fonds de commerce. C'est un tout homogène dans lequel, abstraction faite des valeurs respectives, nous devons juridiquement attribuer la plus grande valeur au but poursuivi, qui est le groupement d'une clientèle autour d'un nom.

Donc la mise en gage d'un fonds de commerce aura lieu par la mise en gage de cette partie incorporelle du fonds qui s'appelle l'achalandage et le nom commercial.

Cela posé, si nous recherchons dans la législation antérieure à 1898, les moyens de réaliser un semblable nantissement, nous formulons immédiatement cette conclusion qu'aucune mesure n'existe dans la loi, et que le fonds de commerce est absolument en dehors des règles que formulent le Code civil et le Code de commerce pour la mise en gage des biens de nature incorporelle ; on ne peut, en effet, imaginer une remise de la clientèle, une signification de la mise en gage d'un achalandage quelconque.

En résumé, avec notre système, on aboutit, dans la législation antérieure à la loi nouvelle, à une impossibilité de mise en gage du fonds de commerce, mais cette impossibilité est basée sur le silence complet du législateur qui n'avait indiqué aucune mesure à prendre, tandis que les deux premiers systèmes que nous combattons également, ont, en cherchant dans les textes des règles anciennes pouvant s'appliquer à des situations nouvelles et non prévues, abouti aux difficultés et aux impossibilités que nous avons signalées.

Section VI.

Loi du 1ᵉʳ mars 1898.

La principale difficulté de la mise en gage du fonds de commerce consiste à trouver une publicité susceptible de rendre ce nantissement opposable aux tiers, en même temps que, contrairement aux principes généraux du nantissement proprement dit, l'on ne dépouillerait pas le débiteur de la gestion de son commerce. Nous croyons avoir démontré que la législation, telle que nous l'avons exposée, n'était pas susceptible de produire un tel résultat.

Il fallait donc organiser de toutes pièces la publicité destinée à empêcher les fraudes ; il fallait aussi réglementer définitivement le nantissement des fonds, afin de sortir de toutes les incertitudes et de toutes les controverses dont nous avons montré les inconvénients.

A. — Le **18** mai **1896**, après plusieurs propositions antérieures qui n'avaient pu aboutir, un député, M. Millerand, présenta à la Chambre une proposition de loi dont voici l'exposé des motifs :

Messieurs.

« La proposition que j'ai l'honneur de vous présenter a été soumise à l'examen de vos prédécesseurs qui, sur le rapport de l'honorable M. Buvignier, en votèrent, le **19** juin **1893**, la prise en considération. La fin de la législature empêcha, seule, qu'une commission ne fût nommée.

« Il nous suffira de reproduire ici l'exposé des motifs qui accompagnait notre proposition :

« L'article **2075** du Code civil, contenu au titre dix-septième : *Du nantissement*, chapitre premier : *Du gage*, est ainsi conçu :

« Le privilège, énoncé en l'article précédent, ne s'é-
« tablit sur les meubles incorporels, tels que les
« créances mobilières, que par acte public ou sous seing
« privé, aussi enregistré, et signifié au débiteur de la
« créance donnée en gage ».

« Une jurisprudence constante qui se justifie, au point de vue économique aussi bien que juridique, par les raisons les plus fortes, range les fonds de commerce au nombre des meubles incorporels.

« En conséquence, pour que le propriétaire d'un

fonds en opère le nantissement, il ne lui est point nécessaire de s'en déposséder. Le contrat de gage demeure donc caché aux tiers. L'enregistrement de l'acte sous-seing privé, tout comme l'authenticité de l'acte public, impriment au contrat date certaine : ils n'en assurent point la publicité.

« Le simple bon sens suffit à apercevoir les inconvénients graves pour les tiers du secret qui enveloppe cette dation en gage. L'expérience les a, du reste, mis en plein relief. Pour faire disparaître des relations commerciales cette cause de méfiance et d'insécurité, il n'est besoin d'apporter au texte de l'article 2075 aucune modification. Une simple addition est nécessaire et suffisante. Il n'est utile que de prescrire la publication de toute dation en nantissement de fonds de commerce.

« Cette innovation ne fait aucune brèche dans le système que le législateur de 1804 a appliqué au contrat de gage. Nous inspirant des besoins du commerce, nous vous proposons seulement d'adapter à une situation particulière une publicité spéciale.

« Peut-être pourra-t-on transporter avec avantage cette disposition nouvelle dans l'organisation du Crédit agricole, si l'on veut permettre au travailleur des champs de transformer son instrument de labeur en instrument de crédit, et d'engager, sans déplacement, sa charrue, ses bestiaux, ses récoltes pendantes.

« Nous ne vous demandons, par la proposition dont le texte suit, que de mettre un terme aux abus dont la mise en gage des fonds de commerce a fourni de trop fréquents exemples ».

La proposition de loi de M. Millerand était ainsi conçue :

Article unique. — L'article 2075 du Code civil est ainsi complété :

« En outre, chaque dation en nantissement d'un fonds de commerce devra, à peine de nullité, recevoir mention sur le registre public tenu à cet effet au greffe du tribunal de commerce du domicile du cédé ».

Cette mesure de publicité, qui crée une sorte d'hypothèque du fonds de commerce, s'inspirait de la publicité qui entoure la mise en gage des navires et aussi d'un certain nombre de dispositions analogues admises par les législations étrangères.

C'est ainsi que le Code fédéral suisse, dans son article 210, admet la possibilité de mettre en gage les bestiaux alors que ceux-ci restent entre les mains du débiteur, mais à la condition qu'une publicité de cette mise en gage soit effectuée au moyen d'une mention sur un registre spécial, appelé *pfandbuch* (1). On trouve de semblables mesures de publicité dans le droit commun allemand (2).

La Chambre des députés adopta le projet de M. Millerand, tel que celui-ci l'avait présenté. Au Sénat, la proposition fit l'objet d'un examen plus approfondi. Le rapporteur, M. Léopold Thézard, montra tout d'abord quelle était l'utilité d'une publicité effective pour la

1. M. Virgile Rossel, *Manuel du droit fédéral des obligations*, nº 262.

2. *Code de commerce allemand*, traduction Gide et Lyon-Caen, p. 117, en note.

mise en gage des fonds de commerce, en même temps qu'il exposait l'évolution qui, dans les matières voisines, avait déjà eu lieu vers la publicité. Il citait l'antichrèse rendue publique depuis la loi de 1855, l'hypothèque maritime rendue possible depuis 1874 et 1885, sous la condition de la publicité : « Qu'un fonds de commerce, écrit M. Thézard, puisse rationnellement être donné en gage, c'est un point qui ne peut faire de doute. Il s'agit là d'une valeur réelle, d'un élément du patrimoine du débiteur que celui-ci peut donner comme garantie à l'un de ses créanciers. Mais à quelle condition cette dation en gage sera-t-elle opposable aux tiers, c'est-à-dire aux autres créanciers du débiteur ? — C'est là tout l'intérêt pratique de la question, et c'est là en même temps que se trouve, dans l'état actuel de la législation, la difficulté, disons mieux, l'*impossibilité* d'une solution logique et protectrice du droit des tiers ».

Enfin, M. Thézard exposait les différents systèmes tels que nous les avons expliqués plus haut, et montrait, ainsi que nous l'avons fait, l'impossibilité d'arriver à une publicité efficace à l'aide des règles jusque-là existantes.

La proposition initiale fut, après discussion, modifiée sur différents points. Le texte définitif de la loi du 1er mars 1898 est le suivant :

Article unique. — « L'article 2075 du Code civil est ainsi complété :

« Tout nantissement d'un fonds de commerce devra, à peine de nullité *vis-à-vis des tiers*, être inscrit sur un registre public, tenu au Greffe (1) du Tribunal de commerce dans le ressort duquel le fonds est exploité ».

B. — Ce texte, et aussi la comparaison que l'on peut en faire avec la rédaction primitive, nous permet de formuler plusieurs remarques très importantes en ce qui concerne la nouvelle mesure de publicité.

1° Nous avons dit, en présentant sur la théorie du gage des notions générales. que les formalités de dépossession n'étaient utiles que pour rendre le contrat de gage opposable aux tiers, et que la simple convention avait pour effet, *entre les parties*, de donner au gage sa pleine validité.

C'est cette théorie que consacre la loi nouvelle : entre les parties la simple convention de mise en gage crée le nantissement du fonds de commerce ; *vis-à-vis des tiers* la publicité nouvelle rend la mise en gage efficace.

2° L'application de l'article 2076 est, d'après nous, désormais écartée en ce qui concerne le nantissement des fonds de commerce. En d'autres termes, il ne peut plus être ici question d'une mise en possession quelconque soit au profit du créancier gagiste, soit au profit d'un tiers convenu : « Cette mise en possession, écrit M. Thézard, est en réalité incompatible avec la nature

1. On avait préconisé comme mode de publicité l'insertion de l'acte de mise en gage du fonds de commerce dans un journal judiciaire ayant qualité pour recevoir les annonces légales. Nous pensons que ce dernier système devait être écarté, la publicité dans les journaux d'annonces légales étant d'une part peu efficace, d'autre part ne permettant pas de retrouver après un long temps trace d'une mise en nantissement, à moins de recherches compliquées ou coûteuses.

du fonds de commerce, et si l'arrêt de 1888 l'avait cependant appliquée à l'acte de bail, c'était pour la nécessité de rattacher d'une façon quelconque aux règles du Code civil une matière *que celui-ci n'avait point prévue* ».

3° Dans le projet primitif, le greffe du tribunal de commerce choisi pour la publicité était celui du domicile du cédé.

Pour éviter toute difficulté, et surtout pour mieux conformer le texte nouveau aux règles de la législation hypothécaire, il a été décidé que ce serait au greffe de la situation du fonds qu'aurait toujours lieu la publicité.

4° La plus importante modification que le Sénat ait fait subir au projet primitif consiste dans la suppression des mots « en outre » qui se trouvaient en tête du texte voté par la Chambre. Avec ces deux mots, la publicité nouvelle était une condition de plus s'ajoutant à la nécessité d'observer les autres. En d'autres termes, avec les mots « en outre » on maintenait, en plus de la publicité nouvelle, la nécessité de la signification au bailleur, c'est-à-dire la doctrine de l'arrêt de 1888.

Désormais, en supprimant les mots « en outre », la disposition nouvelle décide que la publicité au greffe sera la condition *unique*, nécessaire et suffisante, de la validité vis-à-vis des tiers de la mise en nantissement des fonds de commerce. Et non seulement le texte de la loi nous conduit nécessairement à cette solution, mais encore le rapport de M. Thézard est absolument formel sur ce point :

« Par la suppression des mots *en outre*, dit-il, nous faisons de la publicité une condition indépendante et *qui se suffit à elle-même*, en matière de nantissement de fonds de commerce. Nous avons d'ailleurs montré par avance le caractère illusoire de la signification à faire au propriétaire locateur ; elle n'ajoute rien à la sauvegarde des intérêts qu'il s'agit de protéger. La portée de la disposition nouvelle va plus loin ; elle supprime aussi nécessairement en matière de nantissement de fonds de commerce, l'application de l'article 2076, c'est-à-dire la mise de l'objet en la possession des créanciers ou d'un tiers ».

En sorte qu'il nous est absolument impossible d'approuver la décision du tribunal de commerce de la Seine, en date du 5 novembre 1898, décision qui peut se résumer ainsi : « Il est de l'essence même du contrat de gage que la tradition de l'objet donné en gage soit réellement effectuée et que le débiteur soit dessaisi.

Et cette condition ne se trouve pas réalisée, pour la dation en nantissement d'un fonds de commerce, lorsque le créancier n'a jamais été mis en possession des titres établissant les droits de son débiteur, c'est-à-dire d'une expédition du bail des lieux où le fonds est exploité, ainsi que de l'acte de vente consenti par le prédécesseur du propriétaire actuel du fonds » (1).

1. *Gaz. des Trib.* des 28-29 nov. 1898. — L'arrêt de la Cour d'appel de Paris du 2 novembre 1898 (*Gaz. des Trib.* du 27 novembre 1898) statue sur une difficulté antérieure à la promulgation de la loi nouvelle L'arrêt reconnaît en fait que l'élément dominant du fonds de commerce est formé par les meubles corporels, et exige par suite un dessaisissement réel au profit du créancier. — Nous avons, plus haut, combattu cette théorie.

Puisque, dans l'espèce, la mise en nantissement avait été rendue publique au greffe du tribunal de commerce de la Seine, le créancier gagiste avait rempli toutes ses obligations légales, et l'on n'avait pas, par suite, le droit de lui refuser son privilège.

C. — On voit déjà, par le jugement qui vient d'être rapporté, que la loi nouvelle n'a pas mis fin à toutes les controverses qui s'étaient élevées, avant sa promulgation.

Le tribunal de commerce de la Seine, en effet, estime qu'en supprimant la nécessité de la mise en possession, le contrat de gage cesserait d'être un contrat réel pour devenir un simple contrat consensuel, et il nie cette conséquence.

Pour nous, nous pensons que ce résultat a été atteint, et qu'il existe désormais une nouvelle hypothèque mobilière. — Mais il serait désirable que le législateur se fût expliqué d'une façon plus nette. — Car bien des points restent encore dont la solution peut faire difficulté.

Les deux principaux effets du nantissement sont, on le sait : 1º le droit de rétention ; 2º le droit de faire vendre le gage et de se faire payer par préférence sur le prix. Cela posé, on observe que le droit de rétention va disparaître si le gage est constitué au moyen d'une simple publicité, sans que le créancier gagiste ait été réellement mis en possession. Ce résultat nous semble incontestable. Le créancier qui a, sous l'empire de la législation nouvelle, reçu en nantissement un fonds de commerce, n'aura pas plus le droit de rétention que le créancier hypothécaire ne l'a sur l'immeuble qui lui est hypothéqué, immeuble qu'il ne possède point.

On peut se demander, en second lieu, quels seront les droits du créancier gagiste, au cas où le débiteur vendrait le fonds de commerce qu'il a donné précédemment en gage. Si nous sommes en présence ici d'une sorte d'hypothèque, le créancier aura un droit de suite sur l'objet aliéné et un droit de préférence sur le prix.

Or il est impossible de savoir, avec la loi nouvelle, comment s'exercera ce droit de suite, et dans quelles conditions le créancier pourra faire valoir son droit de préférence.

Lorsque l'acheteur du fonds de commerce aura constaté, au greffe, l'existence d'un droit de gage, devons-nous, dans le silence des textes, l'astreindre à une procédure de purge ?

Certes, toutes ces difficultés ont leur importance : cependant, il ne faut pas les exagérer. Nous verrons bientôt à propos de la vente des fonds de commerce qu'un usage presque constant s'est établi par lequel l'acheteur, rendant publique son acquisition, offre son prix à ceux qui, créanciers du vendeur, peuvent faire valoir sur ce prix un droit quelconque.

Il est donc bien certain que, dans notre hypothèse, l'acheteur préviendra toujours le créancier gagiste qu'il ait à exercer son droit de préférence sur le prix, puisque désormais il connaît ce créancier gagiste d'une manière certaine. Dans le silence des textes, nous ne disons pas que, s'il agissait autrement, il s'exposerait à l'exercice d'un droit de suite, mais il nous semble certain qu'il s'exposerait à une condamnation à des dommages-intérêts, soit en vertu des principes généraux de l'article 1382 du Code civil, soit même, le cas échéant, en vertu de la théorie de l'action paulienne de l'article 1167.

Enfin, si nous estimons que la loi nouvelle assimile désormais à l'hypothèque la mise en gage des fonds de commerce, nous devrons reconnaître que de semblables hypothèques mobilières peuvent être successivement constituées sur le même fonds. Les créanciers gagistes successifs viendraient alors sur le prix d'adjudication du fonds de commerce, conformément à la règle : *prior tempore, potior jure,* le *prior* étant précisément celui qui aurait fait le premier inscription sur les registres du greffe. En sorte que le prix du fonds de commerce ne serait plus réparti d'après une procédure de distribution par contribution, mais bien d'après une procédure analogue à celle de l'ordre.

Ces dernières conséquences, à notre avis, doivent découler logiquement des modifications apportées par la loi de 1898.

Quoi qu'il en soit, nous voyons qu'*en droit* cette loi a laissé subsister beaucoup d'incertitudes ; que la réglementation nouvelle, qui constitue certainement un progrès, est encore bien insuffisante et que le législateur serait bien inspiré en complétant son œuvre le plus rapidement possible.

Les difficultés *pratiques* qu'a fait naître l'application de la loi nouvelle ont surtout pour cause cette insuffisance de réglementation législative que nous venons de signaler. La loi, en effet, est absolument muette sur la forme de l'inscription à prendre au greffe ; sur les énonciations que cette inscription doit contenir ; sur le mode de radiation ou encore sur la péremption de ces mêmes inscriptions. Enfin le mode de constater l'inscription ou l'absence d'inscription se trouve en réalité laissé à la discrétion des greffiers institués auprès de chaque juridiction consulaire.

Au tribunal de commerce de la Seine, la mise en gage est inscrite sur un registre spécial tenu au greffe. Cette inscription est provoquée par une déclaration émanant, soit de l'une des parties, soit d'un fondé de pouvoir. Lorsque cette déclaration a été faite et signée, le greffe en délivre, ultérieurement, des expéditions. L'acte constitutif du gage, dont le greffier exige la présentation lors de la réquisition d'inscription, est restitué au requérant immédiatement après la déclaration.

Les inscriptions de nantissement une fois enregistrées sont relevées sur un répertoire alphabétique qui permet de donner à tout intéressé des renseignements *verbaux* sur la situation du fonds de commerce. En effet, aucun certificat négatif n'est délivré par le greffe, qui n'accepte aucune main-levée de nantissement et qui, par suite, n'a pas à faire mention de cette main-levée, soit en marge de l'inscription, soit autrement.

On voit immédiatement par ce simple exposé, combien défectueuse est la mise en pratique de la loi nouvelle : l'inscription prise ne mentionne pas le montant de la créance, les intérêts qu'elle produit, son exigibilité. Il n'y a aucune limitation dans la durée de l'inscription, aucune nécessité d'opérer des radiations.

L'inscription du nantissement durera donc ainsi aussi longtemps que la créance garantie ; en sorte que, si nous admettons le droit de suite, il faudra, à chaque mise en gage d'un fonds de commerce, ou à chaque cession, établir les origines de la propriété de ce fonds de commerce et rechercher si ce dernier est réellement libre de toute charge aux mains de son propriétaire actuel.

Il y a plus : supposons qu'au moment de la constitution du gage au greffe, le créancier, ou celui qui se prétend tel, présente au greffe un acte sous seing privé enregistré, mais fabriqué de toutes pièces ; dans ces conditions, le greffier inscrit le nantissement, restitue aussitôt au créancier apparent l'acte faux, c'est-à-dire en somme, le corps du délit ; et, comme il ne radie jamais, le fonds se trouve en principe engagé à perpétuité par un débiteur qui n'en est pas un.

En résumé, on voit que l'insuffisance résultant de l'organisation pratique de la loi nouvelle, ne le cède en rien à son insuffisance au point de vue théorique. M. le président Goy, dans son discours d'installation du nouveau président et des nouveaux juges au Tribunal de commerce de la Seine, disait, à l'audience du 18 janvier 1899 :

« La loi sur le nantissement des fonds de commerce tenant compte des indications fournies par ce siège, a définitivement fixé une jurisprudence controversée.

« Malheureusement, elle présente dans son texte certaines imprévisions qui semblent laisser en question les intérêts mêmes qu'elle doit sauvegarder et soulèvent dans la pratique de sérieuses difficultés. Nous avons signalé ces lacunes et ces difficultés aux pouvoirs compétents, non point pour réclamer la revision du principe de la loi, mais pour en demander le complément nécessaire et assurer son fonctionnement conformément à la pensée qui lui a donné naissance » (1).

1. *Gaz. Trib.* du 20 janvier 1899.

TROISIÈME PARTIE

DE LA VENTE DES FONDS DE COMMERCE.

Nous ne nous proposons pas d'étudier ici en détail la vente des fonds de commerce dans toutes ses parties.

Nous nous contenterons d'exposer la théorie générale de cette vente, tout en insistant sur les points qui se rapportent plus spécialement aux idées générales que nous avons eu jusqu'ici l'occasion de développer.

C'est ainsi que nous insisterons notamment sur les points qui nous permettront, ou bien de mettre à nouveau en relief les caractères juridiques des fonds de commerce et les divers éléments qui les composent, ou bien d'examiner dans quelles conditions une certaine publicité existe pour la cession des fonds, publicité que la pratique a établie autour du paiement du prix de vente. Nous avons vu, pour les nantissements des fonds, une sorte d'inscription : ne pourrait-on pas compléter le système en établissant, pour les ventes, une sorte de transcription ?

Quel est tout d'abord, le caractère juridique de la

cession d'un fonds de commerce? Est-ce un acte civil ou commercial ? La question, importante en raison des règles de compétence qui s'y rattachent, a été discutée et a fait l'objet de solutions contradictoires.

On a soutenu, tout d'abord, en ce qui concerne l'*achat*, que la théorie de l'accessoire ne s'appliquant qu'à des actes non commerciaux qui sont accessoires à des actes commerciaux en eux-mêmes, l'achat d'un fonds de commerce, achat qui ne serait pas fait avec l'intention de le revendre, mais bien avec l'intention de l'exploiter, ne constituerait, pour l'acheteur, qu'un acte purement civil (1).

Il en est du moins ainsi, ajoutent d'autres décisions, quand l'acheteur n'est pas déjà commerçant (2).

Nous admettrons la solution contraire, d'ailleurs très généralement préconisée aujourd'hui : L'achat d'un fonds de commerce fait dans le but d'exploiter celui-ci et non dans l'intention de le revendre, est, croyons-nous, un acte de commerce, car cet acte d'achat ne peut être séparé de l'exploitation commerciale qui suivra, et qui n'aurait pas lieu sans lui. Il est donc l'accessoire obligé de l'exploitation commerciale, dont il est, en somme, le premier acte (3).

Si maintenant nous envisageons la question en nous plaçant du côté du vendeur, nous donnerons encore la

1. Cass. 8 mars 1880. D.P. 81, I, 261 ; Lyon, 11 mai 1887, *Gaz. Pal*, 87, II, 427.

2. Trib. civ. Bordeaux, 19 nov. 1889. *Recueil de Bordeaux*, 1890. II. 12.

3. Paris, 20 déc. 1877. S. 78, II, 251. Lyon-Caen et Renault, t. I. n⁰ 123.

même solution. Non seulement l'acte de vente du fonds de commerce sera commercial si la vente est faite par une personne qui aurait antérieurement acheté le fonds dans l'intention de le revendre, mais encore la vente du fonds est un acte de commerce, en vertu de la théorie de l'accessoire, alors que la vente émane de l'ancien commerçant, qui n'avait point acheté son fonds pour le revendre et spéculer sur cette revente, ou encore qui avait lui-même créé le fonds. Cet acte de vente est le dernier acte de l'exploitation commerciale du vendeur (1).

En conséquence, nous rejetterons ici, en cas de contestation sur une semblable vente, la compétence des tribunaux civils, ainsi que la double compétence des tribunaux civils et consulaires, puisque nous n'admettons pas que la cession ait le caractère d'un acte mixte ; nous déciderons que la connaissance et l'appréciation de la cession appartiennent uniquement à la juridiction commerciale (2).

Cependant nous reconnaissons, d'une part, que le non commerçant qui s'est porté garant du prix de la vente d'un fonds de commerce n'est pas justiciable du tribunal de commerce (3), parce que l'on ne peut considérer ce fait comme acte de commerce, même accessoire ; et que, d'autre part, le tribunal civil serait seul compétent au

1. Paris, 30 juillet 1870, D. 71, II, 16 ; Lyon-Caen et Renault, t. I, n° 123.

2. Cass., 23 mars 1891, *Gaz. Pal.* 91, 1, 472. — Cass., 14 février 1882. *Gaz. Pal.* 83, I, 197.

3. Paris, 31 déc. 1859, *Journ. Trib. Com.*, t. 9, n° 135, Lèbre, n° 223.

Nantet   7

cas où l'acte de vente porterait attribution de juridiction à ce tribunal civil (1). En effet, les juridictions commerciales sont des juridictions d'exception, que les parties, d'un commun accord, peuvent parfaitement récuser.

En tous cas, le juge des référés est incompétent pour statuer sur des difficultés intervenues entre deux commerçants, et nées au sujet de l'exécution de conventions relatives à la vente d'un fonds de commerce (2).

Ces idées générales étant exposées, étudions en elle-même la vente des fonds de commerce.

1. Paris, 18 décembre 1858, *Journ. Trib. Com.*, t. 8, n° 198.
2. Paris, 3 janvier 1898, *Gaz. Trib.* du 12 mai 1898.

CHAPITRE PREMIER

CONDITIONS D'EXISTENCE ET DE VALIDITÉ DES VENTES
DE FONDS DE COMMERCE

Section I

Du consentement

Comme dans tout contrat, le consentement des parties
est la première condition de formation de la vente des
fonds de commerce. Dans ce contrat consensuel, l'intention des parties forme un élément principal qui doit
avant tout, au cas de difficultés, être pris en considération. Il importe donc essentiellement de rechercher
quelle a été en contractant leur volonté commune.
D'ailleurs, ainsi que nous l'avons dit, la vente d'un fonds
est un acte de commerce ; par suite la preuve du contrat peut se faire, conformément aux règles du droit
commercial, par tous moyens, par exemple au moyen
de la simple preuve testimoniale.

Il suffira donc pour que la vente soit parfaite, en ce

qui concerne le consentement des parties, que celles-ci se soient mises d'accord sur les conditions essentielles de la vente, notamment sur le prix, le mode de paiement, l'entrée en possession, la subrogation au bail des lieux servant à l'établissement, etc. (1).

Il arrive souvent que les parties en contractant ne s'engagent pas définitivement. Elles peuvent stipuler un *dédit,* en sorte que le contrat n'est pas absolument réalisé. Cette clause spéciale n'a rien d'illicite, la convention faisant la loi des parties (2).

Conformément au droit commun, le *dol* de l'une des parties rend le contrat annulable pour vice de consentement.

Dans notre matière, le dol le plus usité provient de l'exagération frauduleuse, par le vendeur, de ses bénéfices annuels. Le vendeur, par hypothèse, annonce un chiffre d'affaires et de bénéfices, et s'il est prouvé par l'acheteur, demandeur en nullité, que ce chiffre est faux et frauduleux, la nullité peut être prononcée.

Mais il faut ici de la part du vendeur des faits dolosifs bien caractérisés (3).

Même si aucune garantie d'un chiffre d'affaires et de bénéfices n'a été donnée par le vendeur, il y a lieu de prononcer la nullité de la vente lorsque l'acquéreur s'est déterminé à acheter d'après les indications fournies

---

1. Trib. Com. Lyon, 13 janvier 1890, *Moniteur de Lyon,* 28 février 1890. — Lyon, 4 mars 1891, *Mon. Lyon,* 6 mai 1891.

2. Trib. com. Nantes, 21 juillet 1894, *Recueil Nantes,* 1894, I, 406. — Trib. com. Hâvre, 19 février 1894, *Rec. Hâvre,* 94, I, 96.

3. Paris, 28 nov. 1894, *Gaz. Pal.* 95, I, 30.

par un bilan commercial frauduleux à lui présenté avant le traité (1) : *fraus omnia corrumpit.*

Il arrive aussi, en présence d'agissements frauduleux de la part du vendeur, que les tribunaux de commerce à l'appréciation desquels la vente est soumise, n'en prononcent pas la nullité. Ils se contentent de diminuer le prix d'acquisition, la fraude ne leur semblant pas avoir alors déterminé, à elle seule, la volonté de l'acheteur (2).

Nous avons vu jusqu'ici que la nullité pouvait être prononcée pour fraude ayant pour but de tromper l'une des parties ; mais il arrive aussi quelquefois que la fraude de l'un des contractants a pour but de tromper les créanciers de celui-ci ; dans ce cas, ces derniers ont recours à l'action paulienne, lorsque sont remplies les conditions qui leur permettent de l'intenter.

A la théorie de l'art. 1167 du Code civil se rattache la théorie de l'art. 446 (3) du Code de commerce et de l'annulation des *dationes in solutum* consenties par un commerçant, pendant la période suspecte qui a précédé sa déclaration de faillite.

C'est ainsi que nous déclarerions nulle la cession d'un fonds de commerce faite par un mari à sa femme judiciairement séparée de biens, en paiement de ses reprises régulièrement liquidées, si la cession avait lieu dans la période prévue par l'article 446 (4).

1. Paris, 17 mai 1893, *Gaz. Pal.* 93, II, 51.
2. Paris, 19 juin 1894, *Gaz. Trib.* 22 juillet 1894.
3. Il en est de même de la théorie de l'art. 447 et des nullités, facultatives pour le tribunal, qu'édicte cet article.
4. Trib. com. Marseille, 20 mai 1886, *Recueil de Marseille*, 1886, p. 213.

Section II

De l'objet.

Toute vente nécessite un objet sur lequel porte le contrat.

Conformément aux principes généraux, cet objet doit être licite, dans le commerce, déterminé ou tout au moins déterminable. Quand l'objet de la vente est un fonds de commerce, ces caractères doivent également exister.

En ce qui concerne l'objet vendu, il ne s'élève pas, en général, de difficulté dans notre matière.

Cependant nous examinerons l'hypothèse où le fonds vendu ne peut être exploité par l'acheteur que sous certaines conditions subordonnées, soit à l'obtention d'un diplôme, soit à une autorisation administrative (exploitation d'un fonds de pharmacie ; exploitation d'un commerce auquel serait rattachée la gérance d'un bureau de tabac).

Raisonnons dans l'hypothèse d'un fonds de pharmacie.

Sur ce point on a voulu quelquefois distinguer la vente du fonds et son exploitation, en décidant que si une pharmacie ne peut être exploitée que par un pharmacien diplômé, elle peut être vendue à une personne non diplômée, pourvu que cette dernière ne s'immisce pas dans son exploitation qui reste confiée ou bien au

pharmacien vendeur, ou bien à une tierce personne
munie du diplôme nécessaire (1).

Nous n'admettons pas cette opinion. En effet, aux
termes de l'article 25 de la loi du 21 germinal an XI,
combiné avec les articles 1, 2 et 6 de la déclaration
royale du 25 avril 1777, nul ne peut gérer une officine
de pharmacie, s'il n'est à la fois propriétaire du fonds
de commerce, et muni d'un diplôme de pharmacien.

Un acheteur non diplômé ne peut donc acquérir la
propriété du fonds de commerce, alors même que le
vendeur diplômé conserverait la gérance de la pharmacie. Une semblable vente est nulle, et la nullité est
d'ordre public.

C'est par application de ces principes que la Cour
suprême, dans son audience du 21 juin 1898, a proclamé
la nullité d'une société en nom collectif ayant pour
objet la vente au détail de produits pharmaceutiques,
alors que cette société était gérée à la fois par un associé pharmacien diplômé, chargé de la partie technique,
et par un autre associé, non diplômé, chargé de la partie
commerciale et financière de l'entreprise (2).

Section III

Du Prix

Comme toute vente, la vente du fonds de commerce

1. Nîmes, 2 avril 1887, *Rec. Nîmes*, 1887, p. 178 ; Paris, 14 nov.
1888, *Gaz. Pal*, 89, I, *supplément*, 73.
2. Cass. 21 juin 1898, *Gaz. Trib.* 22 juin 1898.

doit être consentie moyennant un prix. Ce prix peut être payé immédiatement en totalité, ou par parties. Quelquefois, dans ce dernier cas, le contrat affecte la forme suivante : le fonds est donné à bail, avec cette clause que, moyennant le paiement d'un certain nombre d'annuités, le preneur deviendra propriétaire du fonds qu'il a commencé par louer. Ce contrat ne contient en réalité qu'une vente conditionnelle du fonds. En conséquence, en cas de faillite du preneur avant le paiement de la dernière annuité, le bailleur a le droit de reprendre le fonds donné à bail, fonds qui n'a jamais cessé d'être sa propriété (1).

Section IV

Formes de la vente.

La cession d'un fonds de commerce est assujettie aux règles ordinaires en matière de vente, telles qu'elles existent au cas où ces ventes constituent des actes de commerce.

En général, lorsque la cession est amiable, les parties dressent ou font dresser, pour la prouver, un acte sous seing privé ou notarié. Il est très rare de voir des cessions consenties sans un écrit qui les constate.

Nous supposerons toujours, dans les développements qui suivront, que la vente du fonds est amiable. Ce-

1. Trib. com. Marseille, 31 janv. 1894, *Recueil Marseille*, 94, 1, 108.

pendant, il importe d'insister ici sur une question de forme dont la solution se rattache intimement à la nature juridique du fonds de commerce, et qui se pose lorsque le fonds est vendu aux enchères, par adjudication, après une saisie ou une faillite par exemple.

Nous avons dit plus haut que la tendance de la jurisprudence de la Cour suprême est d'attribuer au fonds de commerce la nature de meuble corporel ou de meuble incorporel suivant que, dans le fonds, l'élément corporel ou l'élément incorporel a une valeur dominante.

Cette règle que nous avons d'ailleurs combattue étant une fois rappelée, demandons-nous qui, des notaires ou des commissaires-priseurs, sera compétent pour procéder aux adjudications forcées des fonds de commerce. On sait qu'en vertu de la loi du 25 ventôse an XI, les notaires sont compétents pour les adjudications de meubles incorporels, tandis que les commissaires-priseurs sont au contraire compétents pour procéder aux enchères des biens corporels.

En appliquant, par suite, la théorie jurisprudentielle que nous rappelions plus haut, les Tribunaux vont évidemment décider ici que, si dans le fonds de commerce les éléments incorporels dominent, les notaires seront compétents, à l'exclusion des commissaires-priseurs ; dans le cas contraire, ceux-ci seraient exclusivement compétents (1). D'ailleurs, au cas de contestation, les tribunaux se réservent le droit absolu de décider, suivant les circonstances, quel est l'élément présentant le plus de valeur (2).

1. Limoges, 17 février 1897, *Gaz. Pal.* 97, I, 594.

2. Cass., 27 mai 1878, S. 78, 1, 261 ; Cass. 25 juin 1895. *Gaz. Trib.* 18 juillet 1895.

Quant à nous, nous admettons que, dans tous les cas, les notaires sont compétents pour procéder aux adjudications forcées des fonds de commerce, puisque nous faisons toujours prédominer l'élément incorporel, l'achalandage, quelles que soient les valeurs respectives du matériel, élément corporel, et des éléments incorporels comme l'achalandage.

Conformément à notre opinion, et abstraction faite de notre système spécial en ce qui concerne les marchandises qui garnissent le fonds (1), plusieurs auteurs soutiennent que la vente publique d'un fonds de commerce appartient toujours aux notaires (2).

Section V.

De la capacité des parties contractantes.

Pour que la cession soit valable il faut qu'elle ait eu lieu entre personnes capables.

Or là, comme partout, la capacité étant la règle et l'incapacité l'exception, il nous faut seulement examiner

1. Nous avons eu l'occasion de dire plusieurs fois que, d'après nous, les marchandises proprement dites qui garnissent le fonds de commerce, ne devraient pas être rangées parmi les éléments constitutifs du fonds Par suite, nous estimons que la vente aux enchères de ces marchandises devrait avoir lieu à part, et qu'en ce qui les concerne, le monopole des commissaires-priseurs devrait exister, sans difficulté.

2. Rousseau et Laisney, *Dictionnaire*, V° *Commissaire-priseur*, n° 39 et V° *vente de meubles aux enchères.* n° 74. — Lèbre, n° 153, p. 194.

quelles sont les incapacités générales ou spéciales de figurer dans une semblable vente. D'ailleurs nous ne signalerons ici que les particularités relatives à la vente des fonds, nous bornant à renvoyer pour le surplus aux règles générales de capacité en matière de vente.

A. — En droit commun, la femme mariée ne peut contracter sans y être dûment autorisée par son mari ou, à défaut, par la justice.

D'autre part, l'autorisation maritale est nécessaire à la femme mariée pour faire le commerce ; il y aurait donc lieu de prononcer la nullité de l'acquisition que la femme ferait d'un fonds, si le mari n'avait pas donné cette autorisation de faire le commerce (1).

On ne concevrait pas d'ailleurs une autorisation spéciale d'acheter le fonds dans le but de l'exploiter sans qu'il y eût en même temps, autorisation de faire le commerce, puisque sans cette dernière autorisation l'achat du fonds n'aurait aucune utilité. Notons que l'autorisation maritale, soit expresse, soit résultant du concours du mari, ne peut ici être suppléée par des équivalents tirés des circonstances (autorisation tacite) ; et il a même été jugé que l'autorisation donnée à une femme par son mari, pour acquérir un fonds de commerce de tabletterie auquel est annexé un bureau de tabac, ne saurait s'induire de la seule signature apposée par le mari sur une demande adressée par la femme au directeur des contributions indirectes pour obtenir la gérance dudit bureau annexé au fonds de commerce (2).

1. Trib. com Seine, 26 mai 1885, *Journ. Trib. Com.*, 1886, p. 190.

2. Paris, 21 novembre 1885, *Gaz. Pal.*, 86, 1, 98.

Si, au contraire, la femme a été autorisée à faire le commerce, elle peut, en principe, acheter un fonds ou même vendre le sien sans autorisation spéciale. Mais il faut pour cela que les règles posées dans son contrat de mariage ne viennent pas faire obstacle à cette capacité. Rappelons ici notamment les règles de la jurisprudence sur l'inaliénabilité de la dot mobilière :

« L'exercice du commerce, disent MM. Lyon-Caen et Renault (t. I, n° 253), ne relève donc pas la femme de son incapacité spéciale qui est plus ou moins étendue suivant la doctrine qu'on admet relativement à la dot mobilière. La femme ne peut aliéner les biens qui sont inaliénables en vertu de son contrat de mariage, et ses obligations ne sont pas exécutoires sur les mêmes biens ».

Remarquons en terminant sur ce point que, depuis 1893, la femme séparée de corps a toute capacité pour acheter, exploiter et vendre un fonds de commerce, sans aucune autorisation.

B. — Les mineurs forment une autre classe d'incapables et les règles qui concernent cette incapacité doivent évidemment s'appliquer à notre matière.

C'est ainsi que lorsqu'on vend un fonds de commerce qui vient d'échoir par succession à un mineur, les formalités de l'article 452 du Code civil doivent être observées (1).

Nous pensons même qu'un mineur émancipé ne pourrait acheter un fonds pour l'exploiter alors qu'il serait bien, d'une part, muni de toutes les autorisations

1. Trib. civ. Lyon, 20 janvier 1882. *Gaz. Pal.* 82, II, 65.

nécessaires mais que, d'autre part, il ne serait pas autorisé à faire le commerce. Car, en fait, cet achat n'aurait alors pour lui aucune espèce d'utilité puisque l'exploitation lui en est impossible ; de plus, en droit, l'article 2 du Code de commerce dispose que, pour être commerçant, le mineur émancipé doit être autorisé à faire le commerce ; or l'achat d'un fonds de commerce est d'après nous le premier acte d'exercice du commerce.

Un semblable achat serait donc nul, mais frappé seulement d'une nullité relative, obéissant, par suite, aux règles posées dans les articles 1304 et 1338.

En tous cas, les dispositions de la loi du 27 février 1880 ne sont pas applicables au mineur émancipé autorisé à faire le commerce. La loi de 1880, en effet, ne contient aucun texte qui le concerne, et d'autre part les débats législatifs sont formels sur ce point.

Ainsi aucune autorisation n'est nécessaire à un semblable mineur pour procéder à la vente d'un fonds de commerce dont il est propriétaire (articles 487 et 1308 du Code civil et 2 du Code de commerce) (1).

C. — Les autres incapables sont les interdits judiciaires et les prodigues munis d'un conseil judiciaire.

Les premiers ne peuvent, tant que dure l'interdiction, acheter ou vendre un fonds de commerce ; les seconds ne peuvent pas, d'après nous, acheter un fonds de commerce pour l'exploiter, parce que cette exploitation leur est interdite : le prodigue, en effet, ne peut pas être commerçant même avec l'assistance du conseil

1. Trib. civ. Seine, 3 février 1886, *La Loi* du 26 février 1886.

judiciaire ; il peut avec cette assistance, il est vrai, faire des actes de commerce isolés, comme le serait l'achat d'un fonds de commerce, mais l'impossibilité d'exploiter nous conduit ici à l'impossibilité d'acheter. Les prodigues ne peuvent non plus vendre seuls le fonds de commerce qui serait dans leur patrimoine, puisqu'il leur est défendu d'aliéner seuls.

Telles sont les incapacités normales de figurer dans une vente de fonds de commerce et il ne faudrait pas étendre ces incapacités au delà de leurs limites ordinaires. C'est ainsi que la vente d'un fonds de commerce serait parfaitement valable, si elle était consentie à un fonctionnaire public, tel qu'un instituteur auquel les lois et règlements interdisent l'exercice d'une profession commerciale, car, d'une part, l'acquéreur n'aurait qu'à se démettre de ses fonctions pour pouvoir exercer librement le commerce (1), et, d'autre part, l'on sait que les actes de commerce faits par les fonctionnaires auxquels les règlements interdisent ces actes, n'en sont pas moins parfaitement valables.

Remarque.

Le plus souvent les ventes de fonds de commerce sont conclues par l'intermédiaire d'agences (2) ou d'hommes d'affaires, dont la responsabilité et le rôle sont régis en principe par les règles du mandat commercial salarié.

1. Trib. com. Hâvre, 13 juin 1894, *Rec. com. Hâvre*, 1894. I, 150.

2. Ces agences constituent elles-mêmes des fonds de commerce.

Quant à la rémunération, qui est en général stipulée de tant pour cent du prix de vente, la jurisprudence a souvent décidé qu'il lui appartenait, malgré cette stipulation, de réduire ces émoluments, surtout quand une faute ou une négligence quelconque étaient imputables à l'intermédiaire (1).

1. Paris, 16 novembre 1898, *Le Droit* du 17 décembre 1898.

CHAPITRE II

OBLIGATIONS DU VENDEUR

Section I.

Délivrance.

La première obligation du vendeur est d'opérer la délivrance du fonds qu'il a vendu.

Comme, pour nous, l'élément principal du fonds de commerce est l'achalandage, le vendeur doit avant tout mettre l'acquéreur au courant des habitudes de la clientèle, et même, s'il y a lieu, le cédant doit faire en personne certaines démarches, afin de présenter son successeur à ses principaux clients et de le recommander à eux.

Cette obligation du vendeur est donc capitale, à tel point que si une clause de présentation à la clientèle avait été insérée au contrat, et si le cédant mourait avant d'avoir exécuté son obligation, le cessionnaire serait bien fondé à demander de ce chef une réduction du prix de vente (1).

Il est évident que la clientèle qui s'était attachée au fonds vendu n'est à aucun titre obligée de continuer à se fournir chez l'acheteur du fonds.

Comme l'achalandage est l'élément capital du fonds, nous en concluons immédiatement que la vente du fonds de commerce présente un certain caractère aléatoire.

Quant à la délivrance des éléments accessoires qui composent le fonds, on opérera cette délivrance, pour chaque élément, au moyen des modes qui leur sont propres. C'est ainsi que la remise des marchandises (2), des clefs et de l'enseigne, aura lieu conformément aux principes généraux (articles 1605 et suivants du Code civil).

Dans le silence du contrat sur ce point, la délivrance doit-elle comprendre la remise des livres de commerce, livres qui constituent en quelque sorte les archives du fonds ?

L'étude de ces livres aura pour l'acheteur de nombreuses utilités : celui-ci connaîtra ainsi les opérations passées, les habitudes diverses des clients attachés au fonds. L'acheteur pourra enfin contrôler les allégations du cédant et voir si ce dernier n'a point exagéré le chiffre d'affaires et de bénéfices qui sert le plus souvent de base à la fixation du prix de la cession. Pour toutes

1. Trib. com. Lyon, 30 juillet 1882, *Gaz. Pal.* 83, II, 348, 2º partie.
2. En supposant, dans notre théorie, que les marchandises aient été expressément vendues en même temps que le fonds de commerce proprement dit.

Nantet   8

ces raisons, on peut décider que les livres de commerce doivent être remis au cessionnaire.

Mais ces considérations sont combattues par d'autres qui ont également une valeur incontestable. Ces livres relatent le passé commercial du cédant, et lui permettent de répondre aux réclamations que des tiers, jadis en relations d'affaires avec lui, pourraient élever sur tels ou tels points de sa gestion aujourd'hui terminée.

Nous pensons, cependant, que les livres doivent être délivrés : d'une part, parce que l'acheteur a plus intérêt que le vendeur à la possession de ces livres ; d'autre part, parce que, en principe, tout pacte obscur d'un contrat de vente s'interprète contre le vendeur. Mais nous admettons, en même temps, que le vendeur aurait le droit, le cas échéant, de forcer l'acheteur à lui permettre de prendre connaissance des livres ainsi délivrés, au cas où ce vendeur prouverait qu'il a besoin, pour répondre de ses actes passés, d'une semblable communication.

Conformément aux dispositions de l'article 1614 du Code civil, le cédant doit faire la délivrance du fonds dans l'état où il se trouvait le jour du contrat. Comme, dès que la vente est parfaite, l'acquéreur devient propriétaire du fonds, tout détournement fait par le cédant, même avant la délivrance, l'exposerait évidemment à des peines.

Ajoutons enfin que la délivrance doit avoir lieu dans les délais fixés. — Le retard dans la délivrance entraînerait des conséquences analogues à celles qui sont exposées dans la théorie générale des ventes.

Section II

De la Garantie proprement dite.

Le cédant doit d'abord garantir qu'il fera tout son possible pour que la clientèle et l'achalandage restent fidèles au fonds vendu.

Il doit, en second lieu, garantir l'acheteur, d'une part, contre toute éviction, contre tout trouble de droit ayant une cause antérieure à la vente, et, d'autre part, contre les vices cachés du fonds vendu.

Il faut appliquer ici, pour l'éviction, les règles générales posées par les articles 1626 à 1640 du Code civil, et, pour les vices cachés, les articles 1641 et suivants du même Code.

Par exemple, si un tiers ayant, sur le fonds considéré en tout ou en partie, des droits supérieurs à ceux de l'acheteur, évince celui-ci, garantie est due par le vendeur à l'acheteur évincé totalement ou partiellement.

L'éviction partielle aboutira soit à une résiliation de la vente, si le fonds ainsi diminué ne répond plus aux besoins de l'acheteur, soit à une réduction du prix, si l'acheteur eût bien encore acheté, mais à des conditions moindres, le fonds partiellement anéanti entre ses mains (1).

De même quand des vices cachés viennent à se révé-

1. Art. 1636 et suiv., C. civ.

ler, l'acheteur pourra, suivant les circonstances, intenter soit l'action rédhibitoire, soit l'action *quanti minoris*
ou *æstimatoria*.

L'application la plus intéressante, et d'ailleurs discutée, des règles générales qui précèdent, se place dans
l'hypothèse suivante :

L'acquéreur d'un hôtel meublé se voit, à la suite
d'une sommation de la préfecture de police, interdire la
location de plusieurs chambres parce qu'elles n'ont point
la hauteur voulue et le cube d'air réglementaire. Est-il
fondé à demander, à défaut d'une clause spéciale en ce
sens dans l'acte de cession, soit la résiliation de la vente,
soit la réduction du prix avec allocation de dommages-
intérêts ?

La question est controversée tant en doctrine qu'en
jurisprudence.

Dans un premier système, on soutient que l'acheteur n'a droit à aucune indemnité parce que, dit-on, les
règlements sur la matière étant connus, le vice n'était
pas caché, mais apparent.

Nous pensons, au contraire, que si, comme il arrive
souvent, les mesures de salubrité sont prises à l'impro-
viste et contrairement à une longue tolérance de l'administration, alors que, en toute équité, le cessionnaire
pouvait croire que l'administration n'agissait pas parce
que les règlements étaient strictement observés, la responsabilité du cédant est engagée.

A plus forte raison, l'acquéreur du garni pourrait-il
agir utilement si le vendeur avait, au moment de la cession du fonds, connaissance ou bien des exigences déjà

manifestées par la préfecture, ou bien des mesures ordonnées, et s'il les avait cachées à l'acheteur.

En ce qui concerne la durée d'exercice de l'action en réduction du prix, cette action ne peut être intentée par l'acheteur du fonds au-delà du délai nécessaire à un acquéreur pour connaître la valeur de l'objet vendu, et pour fixer les éléments d'une réduction du prix qu'un long espace de temps ne permettrait plus de déterminer avec sûreté. Par exemple, l'acheteur ne pourrait pas, après un très long temps, demander une réduction du prix basée sur ce que le vendeur a accusé des bénéfices exagérés, puisque l'acheteur a pu constater, dès la première année de son exercice, la différence entre le chiffre d'affaires annoncé et le chiffre effectif (1).

Enfin, le vendeur est garant, vis-à-vis de l'acheteur du fonds, de la jouissance paisible des lieux loués.

Il doit donc garantir le droit au bail, c'est-à-dire l'existence du bail.

D'ailleurs, cette garantie disparaît si l'immeuble dont le bail est cédé vient lui-même à disparaître ou est rendu inhabitable par cas fortuit.

Le cédant n'est pas en principe, et à défaut de clause formelle du contrat de vente, garant que le bail sera prolongé par le propriétaire de l'immeuble dans lequel s'exploite le fonds.

Mais si, lors de la cession, le vendeur s'était engagé à obtenir du bailleur une prolongation de bail, le refus du bailleur donnerait au cessionnaire contre le cédant une action soit en dommages-intérêts, soit en résiliation de la cession.

1. Paris, 28 nov. 1895, *Gaz. Pal.* 31 déc. 1895.

Section III

De la faculté, pour le vendeur, de s'établir à nouveau.

Le vendeur a cédé surtout un achalandage, une clientèle.

Il ne doit donc pas ultérieurement apporter un trouble quelconque à l'exercice des droits qu'il a cédés et, notamment, chercher à détourner à son profit personnel la clientèle qu'il s'est engagé à procurer à l'acheteur.

Mais quelle est la nature juridique du dommage causé à l'acheteur quand le vendeur détourne ainsi la clientèle qu'il a vendue ? Le 7 janvier 1890, la Cour de Paris, en infirmant un jugement du tribunal de commerce de la Seine (1), décide qu'il y a *éviction partielle*, ouvrant à l'acheteur une action en réduction de prix, lorsque le vendeur d'un fonds crée, après la vente, et à proximité du fonds vendu, un établissement similaire, et détourne à son profit une partie de la clientèle attachée à son premier établissement. Le tribunal de commerce de la Seine avait vu là un simple trouble et non une éviction véritable. Nous estimons que le tribunal de commerce de la Seine avait bien jugé.

« Une simple dépossession par voie de fait, dit M. Planiol, en annotant l'arrêt de la Cour de Paris pré·

1. D. P. 90, II, 290.

cité, ne constitue pas une éviction. Si elle est l'œuvre d'un tiers, le vendeur n'en est pas responsable ; si elle est l'œuvre du vendeur lui-même, elle met en jeu sa responsablité personnelle : cette obligation est distincte de la garantie proprement dite, puisqu'elle subsiste malgré la clause qui supprime la garantie (article 1624 du Code civil).

Elle est de l'essence de la vente : toute convention qui tendrait à l'écarter est nulle. Il résulte de là qu'il y avait lieu, dans l'espèce, non pas à une diminution du prix pour cause d'éviction partielle, mais à une condamnation à des dommages-intérêts, à raison d'une dépossession partielle par voie de fait due au vendeur, ce qui ne constituait qu'un *simple trouble* ».

Ce principe fondamental une fois formulé, nous distinguerons plusieurs hypothèses.

§ 1. *Le contrat de cession est muet en ce qui concerne la faculté donnée au vendeur de s'établir à nouveau.*

Nous poserons alors la règle générale suivante : la vente d'un fonds de commerce comprenant surtout l'achalandage, le cédant ne doit rien faire qui puisse diminuer cet achalandage, détourner soit à son profit, soit au profit d'une tierce personne, la clientèle qu'il a vendue.

Donc la vente d'un fonds emporte par elle-même, et sans qu'il soit nécessaire que le contrat contienne sur ce point une stipulation quelconque, interdiction, pour le vendeur, de créer ou même de favoriser un établissement similaire pouvant faire concurrence à celui qu'il a vendu.

a). — Le vendeur ne peut donc s'établir à nouveau de façon à faire concurrence à son cessionnaire : notamment il ne peut s'établir dans le rayon d'exploitation du fonds vendu, et s'il y a contestation sur la question de savoir si le nouvel établissement constitue ou non une concurrence, les tribunaux apprécieront (1).

C'est ainsi que les tribunaux ont à apprécier : 1° le préjudice que l'établissement du vendeur peut occasionner à la clientèle de l'acheteur ; 2° les différences existant entre le mode d'exploitation du fonds que le vendeur a créé à nouveau et le mode d'exploitation du fonds cédé ; 3° le temps qui s'est écoulé depuis la cession ; 4° la distance à laquelle le vendeur s'est établi.

L'appréciation de ces divers points appartient exclusivement aux juges du fonds et échappe par suite à la censure de la Cour de cassation (2).

Notons qu'au cas de doute sur l'intention des parties, et si les clauses du contrat prêtent à ambiguité, ces clauses doivent s'interpréter contre le vendeur, conformément au droit commun.

b). — Non seulement le vendeur ne doit pas faire *directement* concurrence au fonds qu'il a cédé, mais encore il doit s'abstenir de tout établissement *indirect*, sous des apparences qui, en réalité, masquent la créa-

1. Lèbre, nos 84 et 85 ; Lyon-Caen et Renault, *Précis*, nᵒ 686 ; Pouillet, nᵒ 581.

2. Cass., 16 mars 1886, *Annales*, 1886, 276.

tion d'un fonds nouveau qu'il se propose d'exploiter. C'est ainsi que le vendeur ne peut fonder une maison similaire sous le nom de son fils, fournir à son fils les capitaux nécessaires pour créer un semblable fonds, lui donner les noms des clients de la maison cédée ; ou encore devenir le représentant de commerce d'une maison concurrente, et aller, à ce titre, visiter la clientèle, etc.

§ 2. — *Le contrat porte expressément, en faveur du vendeur, faculté de s'établir à nouveau.*

Il est évident qu'une semblable clause ne peut pas avoir pour effet de permettre au vendeur de faire concurrence à son acheteur, puisque le vendeur ne peut pas à la fois donner et retenir.

Le principe est ici le suivant : Si le vendeur a stipulé le droit de s'établir à nouveau, il peut le faire, mais en même temps il doit prendre toutes les précautions nécessaires pour rendre impossible la confusion des deux maisons ; il doit agir de telle sorte que son ancienne clientèle ne puisse revenir à lui (1).

Il ne doit pas, par exemple, s'adresser à celle-ci directement ou indirectement ; mettre les mots « nouvelle maison », suivis de son nom, sur son enseigne (2), sur

1. Pouillet, n° 556.
2. Le vendeur ne peut se servir de l'enseigne qu'il avait et qu'il a vendue avec le fonds.
Il doit alors rédiger sa nouvelle enseigne de façon à éviter toute confusion.
D'ailleurs, si le fonds avait été vendu avec réserve expresse de l'enseigne au profit du vendeur, celui-ci ne pourrait se servir de son

ses factures ; faire des annonces susceptibles de laisser planer une confusion sur les deux fonds qu'il a successivement exploités ; ou encore citer dans ses prospectus, et à titre de références, les noms de ses anciens clients ; ou enfin conserver l'indication de son ancienne demeure sur ses cartes, enseignes et prospectus.

En somme, le vendeur qui s'établit alors qu'il s'est réservé la faculté expresse de le faire, ne peut user de son nom qu'en le faisant suivre d'indications propres à faire connaître la véritable situation.

Les règles qui précèdent ont donné lieu en jurisprudence à d'intéressantes applications.

Nous n'en citerons que deux : 1° si l'enseigne du fonds cédé comprend le nom patronymique du vendeur, celui-ci ne peut pas s'établir sous son propre nom (1) ; 2° Le vendeur d'un café connu sous le nom du patron ne peut ouvrir sous le même nom un café concurrent (2).

§ 3. — *Le contrat porte expressément l'interdiction de s'établir à nouveau.*

Il faut soigneusement distinguer ici d'après les clauses du contrat.

A. — Le contrat porte tout d'abord interdiction absolue de s'établir à une époque quelconque, dans un

enseigne que pour un autre commerce ou pour un établissement très éloigné de celui qui a été vendu, et, dans tous les cas, de manière à ne pas pouvoir détourner du fonds vendu la clientèle qui y était attachée. (Pouillet, n° 712).

1. Paris, 9 nov. 1885, *Ann.* 1886, 152).

2. Caen, 13 déc. 1853, S. 54, II, 398 ; — Lèbre, n° 93.

lieu quelconque. Quelle est la valeur juridique d'une semblable interdiction ? La question est controversée.

Dans un premier système, qui invoque l'article 1134, on a voulu appliquer l'interdiction dans toute sa rigueur ; par exemple, il a été jugé que l'interdiction de s'établir devait être exécutée à la lettre, sans qu'il y eût lieu de considérer que le nouveau commerce s'adressait à une clientèle d'une autre nature que celle du fonds vendu (1).

Mais, dans une opinion qui nous semble bien préférable, on estime, en argumentant de l'article 6 du Code civil, qu'il faut déclarer nulle comme portant atteinte à la liberté commerciale (2) la clause par laquelle le vendeur s'interdirait d'une façon absolue, sans limitation de temps ni de lieu, de se rétablir dans une industrie différente ou même dans une industrie similaire.

En effet, une fois que, étant donnés le temps écoulé depuis la cession et la nature du nouveau commerce entrepris par le vendeur, il est certain que le nouvel établissement de ce vendeur ne peut constituer pour l'acheteur aucune source de préjudice, on ne voit pas pourquoi, nonobstant la clause d'interdiction absolue, le vendeur ne pourrait pas s'établir à nouveau. L'action de l'acheteur serait alors facilement paralysée au moyen de la règle : point d'intérêt, point d'action.

Concluons : l'interdiction de s'établir à nouveau est nulle quand elle est absolue, et le vendeur peut immédiatement agir en nullité. D'ailleurs en annulant cette

1. Lyon, 11 janvier 1897, *La Loi*, 1897, p. 457.
2. Paris, 14 janvier 1889, *D. P.*, 90, II, 289 ; Paris, 3 nov. 1898, *Gaz. Trib.* du 2 décembre 1898 ; Pouillet, n° 577.

convention, les tribunaux ont coutume de la ramener à sa juste valeur ; en d'autres termes, ils décident qu'elle équivaut, à la charge du vendeur, à l'existence de l'obligation de ne pas ouvrir un établissement similaire susceptible de nuire à l'acheteur (1).

B. — L'interdiction de s'établir est limitée soit à un certain temps soit à un certain territoire. Elle est alors valable et doit être respectée par le vendeur (2).

Nous pouvons donc formuler ici la double proposition suivante :

1° La renonciation à l'exercice d'un certain commerce ou d'une certaine industrie n'est pas contraire à la loi lorsque, librement consentie, elle est perpétuelle quant au temps, mais restreinte à un lieu déterminé ;

2° Lorsque, s'étendant à tous les lieux, elle est limitée quant au temps (3).

Les applications de ces principes vont être analogues à celles déjà formulées : le vendeur, soumis à cette interdiction limitée, ne peut faire, à l'aide d'un prête-nom, le commerce interdit. Il ne peut s'immiscer dans le commerce similaire dirigé par son fils ou sa fille, aider pécuniairement ses proches parents ou des personnes quelconques à organiser un fonds rival. Le vendeur ne peut non plus faire des annonces ni envoyer des circulaires dans le rayon qui lui est interdit par le contrat de cession.

1. Voir la note de M. Planiol sous Paris, 14 janvier 1889, précité.
2. Cass. 9 février 1898. *Le Droit* du 7 juin 1898.
3. A moins que le délai ne soit si long qu'il en résulte une interdiction à peu près absolue (Cass. 19 déc. 1860, *Annales*, 1865, 280).

C. — Il est possible que l'interdiction de s'établir à nouveau porte sur la nature du commerce que le vendeur renonce à faire désormais.

Ici l'interdiction n'est pas absolue : par suite elle est licite. Le vendeur pourra donc exercer toute autre industrie ne faisant pas concurrence au fonds cédé.

De même, il pourra accepter un emploi dans un établissement qui ne ferait pas au fonds vendu une semblable concurrence.

§ 4. — *Pouvoir d'appréciation des Tribunaux. — Quelles sanctions peuvent-ils prononcer ?*

Lorsque des contestations s'élèvent sur l'interprétation des clauses de non établissement, le pouvoir d'interprétation appartient évidemment aux tribunaux. Un point fait quelquefois difficulté : c'est celui qui consiste à fixer la distance qui doit exister entre le fonds vendu et celui que le vendeur exploite à nouveau, lorsque l'interdiction de s'établir porte sur un certain territoire.

Lorsque l'interdiction est limitée à une certaine distance, on calcule en général celle-ci en mesurant le chemin le plus court pour aller, par les rues, d'un établissement à l'autre. S'il y a, dans le contrat, interdiction de s'établir dans un périmètre déterminé, la distance qui doit séparer les deux établissements sera calculée à vol d'oiseau. Il en est de même si les parties ont employé le mot « rayon ». Telle est du moins l'interprétation que la jurisprudence donne le plus souvent aux expressions employées par les parties.

Mais il est évident qu'il faut en outre réserver ici à ces mêmes Tribunaux un très large pouvoir d'appréciation, étant données, soit les circonstances de fait, soit l'intention probable des parties contractantes.

Quant à l'interprétation de la similitude des industries, les Tribunaux, là encore, apprécieront en fait. Le plus souvent les marchands au détail, vendeurs, s'établissent marchands en gros, et des procès s'engagent entre le cédant et le cessionnaire. La jurisprudence admet alors que le marchand en gros ne viole pas ses obligations tant qu'il ne livre pas directement au consommateur. Pour nous, nous dirons que le nouveau commerce sera licite, pourvu qu'on ne puisse imputer au vendeur aucun détournement de clientèle.

Demandons-nous si, et dans quelles conditions, les héritiers du vendeur qui s'est engagé à ne pas s'établir dans certaines limites sont tenus personnellement de respecter cet engagement.

Dans un système on distingue, et l'on décide que les héritiers du vendeur doivent respecter l'interdiction de s'établir à nouveau, lorsque ces héritiers sont les fils du vendeur, car, dit-on, le nom sera toujours un élément de concurrence préjudiciable à l'acquéreur.

Dans une autre opinion, qui nous semble préférable, on décide que même les fils du vendeur conservent toute leur liberté, sauf à prendre les mesures nécessaires pour éviter la confusion entre les deux maisons. Là encore, croyons-nous, il vaut mieux réserver, pour chaque hypothèse, l'appréciation des tribunaux (1).

1. Pouillet, n° 603. Allard, n° 261.

Par exemple, il a été décidé en vertu de ce pouvoir d'appréciation que Madame Moreaux ayant vendu le fonds connu sous le nom de « La Mère Moreaux », son fils ne pouvait créer un fonds similaire à l'enseigne : « Le fils de la Mère Moreaux », puisque cette nouvelle enseigne comprenait la première (1).

En tous cas, le fils du vendeur ne peut évidemment se dire le continuateur ou le successeur de son père.

A qui profite la clause de non interdiction ? A l'acheteur d'abord, et aussi, ultérieurement, à tous les sous-acquéreurs de ce fonds, car elle doit être présumée faite dans l'intérêt du fonds lui-même. Par exemple, la clause profite, à moins de convention expresse, à une nouvelle société qui serait substituée à la société cessionnaire (2).

D'ailleurs le sous-acquéreur subrogé, par le fait même de la vente, au droit de son vendeur, aura une action directe contre le vendeur primitif. C'est du moins l'opinion la plus répandue.

Et ces droits de l'acheteur primitif se transmettront ainsi aux acheteurs successifs jusqu'à ce qu'on soit arrivé à une époque telle que le nouvel établissement du vendeur ne puisse plus occasionner aucun détournement de clientèle ; et là encore, au cas de contestation, les tribunaux apprécieraient.

Nous avons, en terminant l'étude de la clause d'interdiction de s'établir à nouveau, à nous demander quelles

1. Trib. com. Seine 29 juin 1855, *Journ. Trib. Com.*, t. 4, p. 290.
2. Cass. 26 nov. 1883. Le Hir, 1884, II, 137.

sont les mesures que les tribunaux peuvent ordonner au cas où le vendeur aurait violé l'engagement qu'il a pris.

Sur ce point, la jurisprudence est à peu près unanime : la fermeture du nouvel établissement créé par le vendeur est la sanction normale et, une fois ordonnée pour avoir lieu immédiatement, cette fermeture pourrait être effectuée avec l'assistance de la force publique.

Souvent le tribunal fixera un délai passé lequel l'établissement devra être fermé sous peine d'une indemnité déterminée par chaque jour de retard, pendant un nouveau délai passé lequel il sera fait droit (1).

Il est un cas où le tribunal ne prononcera pas la fermeture et où il n'allouera que des dommages-intérêts au demandeur, acheteur du fonds de commerce, ou ayant cause de cet acheteur.

Ce sera le cas où le vendeur a seulement donné son concours à un établissement concurrent, qui appartient réellement non au vendeur, mais à un tiers que le vendeur se contente d'assister ou de favoriser. Ce tiers peut être, par exemple, la fille du vendeur (2).

De même si le vendeur accepte un emploi ou fait des démarches à l'intérieur du périmètre qui lui est interdit, il ne peut évidemment y avoir lieu qu'à des dommages-intérêts.

§ 5. — *Cas particulier de la société.*

Au cas de dissolution d'une société qui exploitait un fonds de commerce, il y a souvent lieu de liciter celui-ci.

Pour que cette licitation donne un résultat, il faut évi-

1. Cass. 21 février 1862, D. P. 62, I, 185.
2. Lyon, 14 février 1891, *Annales*, 1892, p. 92.

demment que l'adjudicataire éventuel soit certain de ne
pas voir l'uu des associés détourner à son profit une
clientèle qu'il a vendue (1).

La liberté de faire le commerce et d'exercer une industrie peut être, mais seulement dans certaines limites,
restreinte au moyen de conventions particulières.

Par suite, il n'y a aucune illégalité à ce que l'on in-
sère, dans le cahier des charges dressé pour arriver à
l'adjudication par licitation d'un fonds de commerce appartenant à une société, une clause restreignant pour les
vendeurs la liberté de s'établir, lorsque cette restric-
tion est, soit perpétuelle, mais limitée à un lieu déterminé, soit limitée à un certain temps, mais s'étendant à
tous les lieux (2).

Par exemple, les propriétaires d'un fonds de commerce peuvent faire insérer dans le cahier des charges
une clause portant interdiction à celui dont le nom dési-
gnait la maison de commerce licitée, de faire, sous ce
nom, et pendant un temps déterminé, un commerce
semblable (3).

A défaut d'accord entre les associés sur les clauses
et conditions de la licitation de leur fonds de commerce,
il nous semble qu'il appartient, le cas échéant, aux tribunaux, de déterminer ces clauses et conditions, mais
en évitant de porter atteinte d'une manière absolue au
droit des associés quant à l'exercice du commerce (4).

C'est ainsi que l'un des colicitants aura ou non, sui-

1. Cass. 18 juin 1897, *La Loi*, 1897, p. 817.
2. Cass. 16 mars1886, S. 86, I, 296.
3. Cass. 28 avril 1884, S. 86, I, 294.
4. Cass. 9 janv. 1884, S. 84, I, 428.

vant les circonstances de fait qu'apprécieront les tribunaux, le droit, dans l'intérêt de la vente, d'exiger l'inscrition, dans le cahier des charges, d'une clause prohibant, pour tous les vendeurs, l'exercice, pendant un certain temps, ou dans un certain rayon, d'un commerce similaire à celui exercé dans le fonds mis en vente.

Si donc c'est un tiers qui est déclaré adjudicataire, lorsqu'une clause du cahier des charges porte l'interdiction, chaque associé vendeur doit respecter celle-ci.

Si c'est un associé vendeur qui est déclaré adjudicataire, il aura le droit d'exiger de tous les autres le respect de la clause de non établissement.

D'ailleurs, même au cas où aucune précaution spéciale n'aurait été édictée sur ce point dans le cahier des charges, nous pensons que les tribunaux n'en conservent pas moins le pouvoir d'ordonner après coup, à la demande de l'adjudicataire ou de ses ayants droit, les mesures nécessaires contre ceux des commerçants associés dont le nouvel établissement pourrait créer un détournement de clientèle.

De même, dans une liquidation *amiable*, il peut arriver que l'un des associés, après convention en ce sens, conserve le fonds.

Dans ce dernier cas, une difficulté analogue se présente : les autres associés, en l'absence de stipulations particulières, n'ont-ils plus le droit de s'établir dans une industrie similaire ?

On décide, et selon nous avec raison, du moins en principe, que le droit de faire le commerce et de créer un établissement commercial étant une propriété individuelle qui demeure entière aux mains de chacun, tant qu'elle n'a pas aliénée, l'ancien associé qui s'est rendu acquéreur du fonds dépendant de la société liquidée ne peut demander la fermeture, dans notre hypothèse, d'un établissement similaire fondé par un de ses anciens coassociés sous le nom qui lui appartient, pourvu que ce nom ne soit pas celui sous lequel on connaissait le fonds exploité par la société.

Cependant, tout en penchant vers l'opinion qui permet à chaque associé de s'établir sous son nom personnel, nous croyons qu'une théorie absolue ne saurait ici être formulée et que les tribunaux doivent se prononcer d'après les circonstances en examinant en fait, dans chaque hypothèse, si l'établissement entraîne ou peut entraîner détournement de clientèle.

C'est ainsi que les anciens associés qui s'établissent à nouveau, en admettant qu'ils le puissent étant données les circonstances, ne peuvent se prévaloir, vis-à-vis de leurs clients, de la réputation dont jouissait l'ancienne maison qu'ils ont cédée chacun pour sa part.

Il demeure bien entendu que l'obligation soit de ne pas s'établir à nouveau, soit, en tout cas, de ne pas détourner la clientèle, n'incombe qu'aux coassociés en nom collectif.

D'une part, en effet, les commanditaires restent libres, et, d'autre part, si la vente du fonds de commerce est faite par une société anonyme, ni les actionnaires, ni le directeur ou les administrateurs considérés personnellement ne peuvent être empêchés de fonder un commerce similaire dans un lieu quelconque à une époque quelconque.

Les licitations ou cessions de fonds de commerce qui

ont lieu après dissolution d'une communauté conjugale donneraient lieu à des questions analogues à celles que nous venons de résoudre à propos des fonds vendus par une société. Nous n'insisterons donc pas sur ce point (1).

§ 6. — *De la vente d'un fonds de commerce après faillite.*

Le fonds de commerce du failli, fonds qui fait partie de l'actif de la faillite, peut être vendu par les soins du syndic.

Celui-ci a alors qualité pour insérer dans le cahier des charges l'interdiction faite au vendeur de s'établir dans un rayon ou dans un délai déterminés (2).

Dans ce cas le failli ne peut, par la suite, quand les circonstances lui permettent de s'établir, rentrer, même indirectement, en possession de la clientèle régulièrement vendue par le syndic (3).

Le fonds peut aussi être vendu par les créanciers en vertu du jugement homologuant un concordat par abandon d'actif aux termes duquel le failli autorise ses créanciers à vendre le fonds dans le cas où ils reconnaîtraient que l'exploitation n'en peut être continuée utilement (4).

Dans ces divers cas, l'adjudicataire du fonds peut prendre la qualité de successeur du failli tout comme s'il était un acquéreur amiable, et le failli, mais non les créanciers qui vendent en son nom, ne peut lui porter

1. Voir Caen, 20 janv. 1860, S. 61, II, 73 ; Amiens, 17 juillet 1884, *Gaz. Pal.*, 85, I. Supp. 73.
2. Cass. 21 juillet 1891, *Gaz. Pal.*, 91 II, 332.
3. Alger, 24 avril 1878, S. 78, II, 243.
4. Cass. 2 déc. 1861, *J. Trib. Com.*, t. 12, n° 205.

préjudice au moyen d'un détournement de clientèle (1).

Il a été jugé, il est vrai, qu'il y avait lieu d'ordonner la fermeture d'un fonds de commerce exploitant une industrie similaire à celle du fonds vendu et ouvert dans le voisinage par l'un des créanciers vendeurs. (Amiens, 30 avril 1875, S. 75, II, 213).

Mais nous ne pensons point que ce principe doive être admis avec cette généralité. Dans l'espèce sur laquelle la Cour d'Amiens avait à se prononcer, le créancier avait pris comme gérante la femme du failli.

La tentative de détournement de la clientèle vendue était par trop évidente.

Remarque. — Nous avons supposé jusqu'ici que c'était le failli qui jouait le rôle de vendeur du fonds de commerce.

Il peut se faire qu'après une vente amiable d'un fonds, ce soit l'acheteur qui tombe en faillite.

Le syndic peut alors, au nom tant de l'acquéreur failli que de la masse et en vertu d'une transaction dûment enregistrée et homologuée, rendre au vendeur sa liberté commerciale jadis aliénée avec le fonds (2). Dans ce cas, l'acquéreur ne peut plus, quoi qu'il arrive, continuer à se dire successeur de son vendeur, à l'encontre de ce dernier.

1. Lèbre, n° 194.
2. Trib. com. Seine, 29 avril 1882, *Gaz. Pal.* 82, II, 71.

CHAPITRE III

DES OBLIGATIONS DE L'ACHETEUR

D'après les règles générales de la vente, on sait que l'acheteur est tenu : 1° de prendre livraison ; 2° de payer le prix de la cession. Reprenons ces deux points.

Section I

De l'obligation de prendre livraison.

Le cessionnaire doit prendre livraison. Sinon, il subirait naturellement les dommages que son retard peut occasionner, à moins, bien entendu, que son refus de prendre livraison ait un juste motif, par exemple si la propriété du fonds est contestée au cédant.

Mais si le cessionnaire, mis en demeure, refuse sans justes motifs de prendre livraison du fonds, il encourt une condamnation à des dommages-intérêts (1).

1. Paris, 1er mai 1875, *Journ. Trib. Com.* T. 25, p. 85 ; Lèbre, n° 118.

Il y a plus : la résolution du contrat, basée sur les articles 1184 et 1654 du Code civil, pourrait même être prononcée.

Mais il importe de remarquer ici que la disposition de l'article 1657, d'après laquelle le contrat est résolu sans mise en demeure préalable, quand il y a délai fixé pour la prise de livraison et que ce délai est expiré sans que l'acheteur ait exécuté ses obligations, ne s'applique qu'en matière civile (1). Par suite, dans notre hypothèse, pour que le vendeur du fonds puisse demander la résolution pour retard à prendre livraison, il faudra toujours que le cessionnaire ait été préalablement mis en demeure.

Section II

Prix de la cession.

§ 1er. — *Paiement et époque du paiement.*

Nous avons déjà parlé du prix de la cession. La fixation en est soumise, conformément au droit commun, aux articles 1591 et 1592 du Code civil.

Le fonds de commerce doit être considéré comme une chose frugifère ; donc [l'acheteur doit les intérêts du prix, à partir de la prise de possession, et cela de plein

1. Aubry et Rau, t. IV, n° 356, note 5. Cette solution résulte formellement de la discussion au Conseil d'Etat (Locré, XIV, p. 60, n° 45). Mais la jurisprudence est en sens contraire.

droit, jusqu'au paiement du capital (article 1652 du Code civil).

Le paiement du prix est soumis aux règles suivantes :

1° C'est au domicile du débiteur que, à moins de convention contraire, le paiement du prix doit être effectué (articles 1247 et 1651).

2° Si le cessionnaire vient à tomber en déconfiture ou en faillite, le prix devient aussitôt exigible (article 1613).

3° Le prix devient encore immédiatement exigible, si le cessionnaire a par son fait diminué les sûretés que, dans son contrat, il avait données à son cédant (article 1188 du Code civil).

En ce qui concerne la déchéance du terme encourue par suite de la diminution des sûretés, une difficulté s'élève : supposons que, avant l'échéance du terme fixé pour le paiement du prix, le cessionnaire, débiteur de ce prix, revende le fonds de commerce. Cette revente constitue-t-elle une diminution de sûretés, alors que le contrat de cession est muet sur la prohibition de revendre avant le terme fixé pour le paiement du prix ? Par suite, le fait d'une semblable revente rend-il le prix immédiatement exigible, et permet-il, en conséquence, de faire valablement saisie-arrêt entre les mains du sous-acquéreur ?

Sur ce point, les décisions de la jurisprudence sont contradictoires.

L'acheteur, dit-on dans un premier système, est déchu du bénéfice du terme qui lui avait été accordé par le vendeur pour le paiement du prix, par le seul fait de la revente du fonds.

Le vendeur a, en effet, un privilège légal sur le fonds, et la revente du fonds ayant pour résultat de diminuer cette sûreté, il s'ensuit que le vendeur peut faire déclarer l'acheteur déchu du bénéfice du terme et faire saisir-arrêter le prix de la revente.

On admet donc dans ce système que la diminution de sûretés suffisante, d'après la loi, pour entraîner ici la déchéance du bénéfice du terme, doit s'entendre non seulement des sûretés conventionnelles, mais encore des sûretés spéciales, privilèges et autres, attachées par la loi elle-même au contrat.

Nous pensons, quant à nous, que les sûretés dont la diminution entraîne déchéance du bénéfice du terme, d'après l'article 1188 du Code civil, sont simplement celles qui ont été données spécialement par le contrat.

Nous déciderons donc, avec une seconde opinion, que le fait par l'acquéreur de revendre le fonds à un tiers, avant de l'avoir complètement payé, ne peut être considéré comme une diminution des sûretés données au vendeur primitif, si aucune prohibition n'existait à cet égard dans le contrat de cession.

Par suite, le vendeur primitif ne peut saisir-arrêter le prix de revente entre les mains du nouvel acquéreur pour avoir paiement de la portion non exigible du prix de la vente.

En tous cas, et même si l'on admettait l'opinion que nous avons combattue, la déchéance du bénéfice du terme ne pourrait résulter que d'une aliénation consentie *volontairement* par l'acquéreur qui, en consé-

quence, ne perdrait pas le bénéfice du terme, si le fonds
de commerce venait à être exproprié (Lèbre, n° 137), et
nous en tirons immédiatement cette conclusion qu'au cas
d'expropriation du fonds, le vendeur n'est pas en droit
de faire opposition sur l'indemnité allouée par le jury,
pour le montant des billets non échus, billets par le
paiement desquels le prix du fonds serait soldé (1).

§ 2. — *Conséquences du défaut de paiement du prix.*

A. — *Action résolutoire.*

Au cas de non paiement, à l'échéance, d'une partie du
prix, le vendeur peut, non seulement exiger la totalité
du prix qui resterait encore due, mais il a encore la
faculté de poursuivre la résolution de la vente, en vertu
des articles 1184 et 1654 du Code civil.

Lorsque la résolution du contrat est prononcée, conformément au droit commun, le vendeur rentre en possession du fonds qu'il a vendu, puisque le contrat qui
l'avait dépossédé est désormais anéanti. Et ce vendeur
ne saurait, après la résolution prononcée, être tenu des
dettes que son acquéreur a pu contracter durant son
exploitation du fonds, et à raison de cette exploitation,
car ces dettes demeurent personnelles à celui qui les a

1. Paris, 6 avril 1867, *Journ. Trib. Com.* t. 17, n° 251. Cependant cette solution est contestée : Voyez Paris, 15 nov. 1860, *Journ.
Trib. Com.* t. 10, p. 68 ; Paris, 3 avril 1868, *Journ. Trib. Com.*
t. 17, p. 251.

faites, ainsi que les spéculations auxquelles l'acheteur a pu se livrer (1).

Mais le vendeur impayé doit observer les formalités judiciaires de la résolution. Il ne pourrait pas, sans s'exposer à une action en dommages-intérêts, se remettre purement et simplement en possession du fonds, en continuer l'exploitation, et le revendre ensuite à un tiers (2)·

B. — *Privilège du vendeur.*

On s'accorde à reconnaître que la disposition de l'article 2102, 4°, du Code civil relatif aux privilèges sur certains meubles s'applique, au profit du vendeur impayé, à la vente d'un fonds de commerce, comme à la vente de tout autre objet mobilier, en sorte que tant que le fonds vendu est aux mains de l'acquéreur, le vendeur non payé peut invoquer ce privilège (3).

Au cas de revente à un sous-acquéreur de bonne foi, le privilège du cédant primitif ne se conserve pas sur le fonds à l'encontre de ce sous-acquéreur, puisque « meubles n'ont pas de suite ». Le cédant conserve seulement l'exercice de son privilège de vendeur, par préférence aux créanciers de son acquéreur, sur le prix encore dû par le sous-acquéreur qui, par hypothèse, a pris possession du fonds (4).

1. Trib. civ. Nice, 12 mars 1890, *Gaz. Pal.* 90, II, suppl. 28.

2. Trib. civ. Seine, 11 nov. 1896, *La Loi*, 1897, p. 22.

3. Lèbre, n°s 169 et 171. — Le vendeur aurait même la revendication *sui generis* dont parle l'article 2102, 4°, lorsqu'il est dans les conditions exigées par la loi pour cette revendication.

4. Lèbre, n° 169. Si l'on organisait la publicité des transmissions des fonds de commerce au moyen d'une transcription au greffe, le

Du reste, l'exercice du privilège du premier vendeur ne porte que sur le prix de la première revente. Le premier vendeur ne pourrait prétendre s'attribuer par privilège les sommes provenant de reventes successives postérieures à la première revente (1).

Il est possible que l'acheteur ait constitué en gage le fonds de commerce qu'il n'a pas encore payé ; dans ce cas, on admet très généralement que le créancier gagiste est primé par le vendeur, si ce créancier gagiste a eu, au moment où s'est formé le contrat de gage, connaissance de l'existence du privilège de ce vendeur (2).

Les principes généraux, au cas où le créancier gagiste est de bonne foi, c'est-à-dire ignore le privilège du vendeur, conduisent à une solution contraire ; on sait, en effet, que, dans le conflit qui s'élève entre deux créanciers privilégiés à titre spécial sur la même chose mobilière, c'est le créancier nanti qui, en principe, est préféré.

Notons ici, d'une part, que le privilège s'exerce sur l'indemnité d'expropriation qui viendrait à être allouée à l'acquéreur et que, d'autre part, les créanciers du vendeur peuvent, en invoquant le principe posé par l'article 1166, exercer ce privilège aux lieu et place de leur débiteur.

privilège du vendeur pourrait, quant à sa conservation, être l'objet de mesures analogues à celles qu'édicte le Code civil pour la conservation du privilège du vendeur d'immeubles.

1. Trib. civ. Seine, 15 février 1897, *La Loi*, 1897, p. 206.

2. Trib. com. Seine, 27 juillet 1898, *Gaz. Trib.* du 26 août 1898, *Adde* : Demante et Colmet de Santerre, t. 9, n° 49.

§ 3. — *Réduction du prix de vente.*

Il est possible que le prix de la cession ait été fixé en prenant pour base les revenus du fonds, et qu'il soit démontré que ces revenus ont été exagérés par le vendeur ; celui-ci, par exemple, a présenté à l'acheteur des produits moyens supérieurs aux produits vrais ; dans ce cas, il y a lieu pour les tribunaux de prononcer une réduction du prix proportionnée à cette exagération. Les tribunaux pourraient même, le cas échéant, prononcer la résiliation de la vente, si l'exagération avait été tellement considérable que le fonds perdrait, étant donnée sa valeur vraie, l'utilité que l'acquéreur espérait en retirer. Il y a lieu également à réduction du prix ou à résolution, suivant les cas, lorsque le cédant a caché au cessionnaire l'existence de faits qui causaient au fonds une dépréciation sensible.

Mais, en général, ce n'est que s'il y a eu dol ou fraude, ainsi que nous l'avons dit plus haut en étudiant les conditions de validité de la vente, que la résiliation de celle-ci peut être prononcée ; l'erreur commise ne donne lieu, le plus souvent, qu'à une réduction du prix.

CHAPITRE IV

EFFETS DE LA VENTE DES FONDS DE COMMERCE

Section I.

Effets entre les parties.

Entre les parties, et par le seul fait de la vente, la propriété du fonds de commerce passe de la tête du vendeur sur la tête de l'acheteur. Les risques sont également déplacés et passent, par ce même fait de la vente, à la charge de l'acheteur.

Entre les parties, disons-nous, la propriété du fonds de commerce est déplacée par le seul fait de la vente. Examinons donc rapidement quelle est l'étendue de la cession, quels sont les éléments acquis à l'acheteur, et dans quelle limite ces éléments deviennent sa propriété.

A. — *Achalandage*.

Le droit exclusif de s'adresser désormais, en qualité

de continuateur de l'exploitation, à la clientèle du fonds cédé, est évidemment et avant tout compris dans la cession du fonds de commerce.

B. — *Enseigne et nom.*

L'enseigne, désignation emblématique ou nominale par laquelle le fonds se distingue des autres, est également comprise dans la cession puisqu'elle sert à rallier la clientèle (1).

Et il en est ainsi alors même que l'enseigne est uniquement composée du nom du vendeur (2).

Dans ce dernier cas, l'acheteur peut se servir du nom de son prédécesseur, nom qui, par hypothèse, s'identifie avec l'enseigne, mais il n'en saurait être ainsi qu'à la condition que l'exploitation conserve son caractère, sa manière d'être antérieure, de façon que l'honorabilité du nom ne souffre aucune atteinte.

Il a donc été décidé avec raison que l'acquéreur du concert connu sous le nom de « Valentino », nom d'un ancien chef d'orchestre, ne pouvait conserver comme enseigne le nom de « Valentino » pour un bal public (3).

D'une manière plus générale, nous estimons que toutes les fois qu'il est utile de se servir du nom pour obtenir que la clientèle continue sa confiance à l'acquéreur du fonds, cet acquéreur peut mettre en avant le

1. Pouillet, n° 696.
2. Trib. com. Seine, 24 octobre 1893, *La Loi* du 2 janvier 1894 ; Cass., 23 février 1881, S. 81, I, 133.
3. Paris, 29 juillet 1879, D. P. 80, II, 102.

nom de son vendeur. Du reste, au cas où les différents éléments qui composent le fonds viendraient à être vendus séparément, le droit à l'usage du nom suivrait toujours l'achalandage, c'est-à-dire l'élément constitutif du fonds.

La jurisprudence est, avec raison, constante sur ce point ; elle en a notamment décidé ainsi : *1°* lorsque le propriétaire du fonds avait vendu séparément l'achalandage et le matériel (1) ; *2°* lorsque le propriétaire du fonds avait vendu séparément l'achalandage et le local (2).

Ainsi, le droit de se servir du nom du cédant passe en principe à l'acquéreur ; mais l'usage du nom du cédant doit être exploité de telle façon qu'il ne soit plus possible aux tiers intéressés de croire que l'exploitation reste aux mains du vendeur. Toute confusion doit être à ce point de vue soigneusement évitée par le cessionnaire : l'acheteur doit donc distinguer suffisamment sa propre personnalité de celle du cédant.

Notamment on a souvent décidé qu'il ne pourrait mettre sur ses enseignes la simple mention : « *Ancienne maison X* », sans y ajouter son propre nom (3) ». Et l'on admet aujourd'hui très unanimement que le nom du cédant ne pourrait point être utilisé par l'acquéreur, sans que celui-ci fît précéder ce nom des mots : « *Ancienne maison* ».

De même les tiers ont la faculté d'exiger que l'ache-

1. Paris, 25 août 1857, *Journ. Trib. Com.*, t. VI, n° 237.
2. Cass. 28 février 1870, *D. P.* 71, I, 238.
3. Trib. com. Seine, 23 octobre 1888, *Le Droit* du 10 novembre 1888.

teur prenne toute mesure nécessaire de façon qu'il ne puisse pas, en exploitant le fonds qu'il vient d'acquérir, user de la combinaison des noms du vendeur et du sien, pour arriver à créer des homonymies qui leur soient préjudiciables.

Si le vendeur s'est réservé le droit de créer ou d'acquérir un commerce similaire, il ne peut néanmoins enlever à son cessionnaire le droit de se dire, sur son enseigne et ses factures, seul successeur et propriétaire de l'ancienne maison X (1).

De même, sauf stipulation contraire, le cessionnaire a le droit de se recommander de l'ancienneté de la maison dont il devient titulaire ; par suite il peut, sur ses prospectus, étiquettes, etc., indiquer la date de la fondation de la maison.

Ainsi le droit au titre de successeur est acquis, par l'effet de la cession, à l'acheteur du fonds de commerce. Le droit à l'usage du nom du vendeur lui est également acquis. — Il a même été jugé que ce dernier droit ne disparaissait pas lorsque l'acheteur tombait en faillite, en ce sens que si un concordat venait à replacer le failli à la tête de ses affaires, le droit à l'usage du nom continuerait à exister (2).

Mais l'usage du nom commercial subsiste-t-il et se transmet-il indéfiniment ?

L'acquéreur le conserve-t-il toujours ? peut-il le transmettre à un sous-acquéreur, et ainsi de suite à perpétuité ?

1. Lyon, 13 mars 1889, *Mon. Lyon*, 19 septembre 1889.
2. Paris, 12 mars 1884, *Ann. Propr. Ind.*, 1888, 71.

Cette question est vivement controversée.

Dans une première opinion l'on estime que le droit à l'usage du nom commercial reste indéfiniment attaché au fonds de commerce, et se transmet toujours avec lui, en sorte que ce droit passe indéfiniment d'acquéreurs en acquéreurs, alors même que le cédant primitif se serait réservé, lors de la vente, la faculté de s'établir en dehors d'un périmètre fixé (1).

Mais, ainsi que nous l'avons dit plus haut, il reste entendu que, dans ce système, on admet cette transmission perpétuelle seulement au cas où le mode d'exploitation du fonds ne subit pas de changement.

Dans un système diamétralement opposé, l'on soutient que le sous-acheteur n'a jamais le droit, sans une autorisation spéciale du premier vendeur, de se servir, du nom de ce premier vendeur (2).

« Les noms, dit-on, constituent un genre particulier de propriété et l'usage commercial du nom d'autrui ne peut être légitime qu'à la condition de dériver de conventions formelles » (3).

Mais le système le plus généralement suivi, tant en doctrine qu'en jurisprudence, décide que les tribunaux auront à examiner, d'après les circonstances de fait, si l'usage du nom d'un prédécesseur est encore actuellement nécessaire pour assurer et rendre efficace la transmission et la fidélité de la clientèle. S'il n'en est plus ainsi, le droit de se servir du nom primitif, ou bien ne sera pas conservé par le cessionnaire au-delà de cette

1. Paris, 11 juillet 1867, _D. P._ 67, II, 170.
2. Alauzet, T. I, n° 168.
3. Paris, 5 nov. 1872, _Journ. Trib. Com._ t. 22 n° 36.

époque, ou bien, après celle-ci, ne passera plus aux sous-acquéreurs (1).

Ce système nous semble de beaucoup préférable, car il est le seul qui concilie tous les intérêts. Le cas suivant s'est présenté : un négociant avait fait le commerce sous son nom joint à celui de sa femme, puis avait vendu son fonds, et par suite le droit de se servir du double nom attaché à ce fonds, à une société en nom collectif. Les parents de la femme demandèrent alors au tribunal de Libourne, et, en appel, à la Cour de Bordeaux, de décider que la société ne pourrait faire entrer le nom de cette femme dans sa raison sociale. La Cour de Bordeaux (2), contrairement au tribunal de Libourne, admit la prétention des parents demandeurs, et ordonna la suppression immédiate du nom de la femme dans la raison sociale de la société cessionnaire. La Cour s'est rangée au second système que nous indiquons plus haut. M. Lyon-Caen (en note sous l'arrêt précité) critique avec raison cette décision : « Pour nous, le seul moyen de conciliation consiste dans la faculté laissée au cessionnaire, malgré les réclamations de la famille, de porter le nom commercial du cédant pendant le temps où cela lui est utile pour que la transmission de la clientèle s'opère. Une fois que ce temps est expiré, le cessionnaire doit perdre le droit d'user du nom commercial du cédant ; c'est le droit de la famille qui reparaît ».

Telle sera, sur ce point, notre conclusion.

Il importe donc de remarquer, en terminant, que la doctrine et la jurisprudence française n'admettent

1. Pouillet, n° 558 ; Lyon, 12 juin 1873, *D. P.* 74, II, 68.
2. Bordeaux, 17 nov. 1873, S. 74, II, 145.

pas la théorie allemande sur la transmission, à tous les propriétaires successifs d'un fonds de commerce, du nom commercial attaché à ce fonds. En Allemagne, cette transmission du nom est complète et absolue ; il n'y a point nécessité, pour le cessionnaire, de se dire le successeur de son cédant, d'inscrire les mots « Ancienne maison X » devant son propre nom. Bien plus, ces cessionnaires peuvent signer du seul nom commercial à eux complètement transmis, sans même que cette signature mentionne, d'une manière quelconque, leur propre nom patronymique.

C. — Brevets et marques.

Le plus souvent le contrat de cession énumère, parmi les objets transmis en conséquence de la vente du fonds, le droit aux brevets et aux marques.

Si l'acte de cession est muet, les tribunaux apprécient.

Lorsque, par exemple, l'exploitation d'un fonds de commerce est en fait impossible sans le droit d'exploiter une invention brevetée, ce droit fait nécessairement partie du fonds, et le prix de la cession comprend celui de la licence (1).

De même en principe, et malgré le silence du contrat sur ce point, les marques et étiquettes deviennent la propriété de l'acquéreur comme étant l'accessoire du fonds lui-même (2).

Il y a donc présomption, mais seulement présomption

1. Cass. 12 juillet 1897, La Loi, 1897, p. 861.
2. Lèbre, n° 67. Pouillet, n° 98. — Rennes, 21 juillet 1892, France Judiciaire, 1892, p. 380.

juris tantum, que la marque est cédée avec le fonds lui-même.

D. — *Titres.* — *Qualités.* — *Récompenses.* — *Médailles.*

Le principe est ici le suivant : Si les titres, qualités et récompenses sont attachés à la maison vendue et non personnellement au cédant, le cessionnaire peut en profiter, les invoquer. Ces titres, qualités et récompenses lui sont alors transmis avec le fonds lui-même.

Les distinctions honorifiques donnent certainement à une marque la notoriété, et, par cela même, une valeur commerciale ; elles font, pour ainsi dire, partie intégrante d'une maison de commerce et sont cédées avec elle, pourvu qu'elles aient été accordées à la maison, aux produits récompensés, plutôt qu'à la personne qui les a obtenues (1).

Ainsi, chaque fois qu'une distinction (ou un titre quelconque) est plutôt personnelle au cédant, le cessionnaire ne peut s'en prévaloir. C'est ainsi qu'un pharmacien ne peut se servir du titre d'interne ou de lauréat de faculté, alors que ces titres appartenaient au cédant (2).

Inversement, si la distinction appartient plutôt au fonds, le cessionnaire peut l'invoquer.

Il a été jugé en ce sens que l'industriel qui, dans une

1. Le cessionnaire ne peut pas mettre en avant un grade dans l'ordre de la Légion d'Honneur, grade qui aurait été accordé au cédant, même à raison de l'exploitation de son fonds de commerce. D'ailleurs, les circulaires de la Grande Chancellerie interdisent l'usage du titre de légionnaire comme réclame d'une maison de commerce (Pouillet, n° 530).

2. Paris, 7 mai 1864, sous Cass. 10 avril 1866. D. P. 66, I, 342.

exposition ou un concours, a obtenu des médailles ou distinctions honorifiques, peut en cédant sa maison de commerce transmettre accessoirement, à son successeur, le droit de se prévaloir de ces récompenses (1).

Mais, et il importe de le remarquer, pour que celles des médailles qui n'ont pas un caractère personnel au cédant puissent être utilisées par le successeur à titre de réclame, il faut que le cédant ait consenti à une semblable transmission (2). Il y a présomption de cession de médailles quand le vendeur cède la propriété des marques et étiquettes mentionnant les médailles et récompenses obtenues (3).

E. — *Droit au bail.*

Par voie de conséquence, la cession du fonds de commerce implique la cession du droit au bail, quand un semblable bail existe (4). Les loyers sont alors à la charge de l'acquéreur, du jour où celui-ci est effectivement entré en jouissance (5).

---

1. Trib. correct. Seine, 8 mars 1898, *Gaz. des Trib.* 1er mai 1898.

2. Paris. 7 mai 1864, S. 66, I, 251. Cass. 16 juillet 1889, D. P. 91, 1, 61.

3. Le cessionnaire a le droit d'invoquer l'appréciation favorable que, par exemple, des savants connus auraient pu faire des produits fabriqués par la maison de commerce dont il devient acquéreur.

Cette appréciation n'est pas, en effet, personnelle au fabricant ; elle se transmettra par suite, ainsi que ce produit et sa marque, avec le fonds lui-même (Pouillet, n° 531).

4. Alauzet, T. I, n° 168.

5. Lèbre, n° 122. — Trib. civ. Seine, 22 avril 1880, *Gaz. Trib.* 20 mai 1880.

Citons ici un arrêt de la Cour de Montpellier du 24 décembre 1894 (*Monit. Midi*, 14 avril 1895).

Cet arrêt pose en principe que l'élément le plus important d'un fonds de café est l'achalandage ou clientèle. Par suite, cette clientèle étant surtout attachée au local, le vendeur doit céder à l'acquéreur le droit au bail. En sorte que s'il ne peut réaliser la subrogation de l'acquéreur à son bail, la vente du fonds de café doit être résolue.

F. — *Dettes et créances.*

En recherchant quel était le caractère juridique de l'universalité qui porte le nom de fonds de commerce, nous avons examiné si les créances et les dettes nées à l'occasion de l'exploitation du fonds passaient au cessionnaire.

Nous ne reviendrons donc pas sur ce point. Contentons-nous de rappeler que nous avons admis la solution négative.

G. — *Livres de commerce et correspondance.*

a. Livres de commerce.

En étudiant l'obligation que le vendeur a d'opérer la délivrance du fonds cédé, nous avons examiné la question de savoir si, dans le silence de l'acte de cession, les livres de commerce devaient être remis à l'acheteur ; nous n'avons donc pas à y revenir. Notons seulement que la Cour de Lyon, le 16 août 1886 (*Annales de la Propriété industrielle*, 1887, 269), a décidé formellement que le vendeur d'un fonds de commerce qui conserve par devers lui et refuse de remettre à l'acquéreur tous documents, tels que livres et factures pouvant indiquer à ce dernier, soit les noms et adresses des clients, soit leur mode de régler, soit les prix convenus antérieurement, retient ainsi indûment une partie de la chose qu'il a vendue, et encourt des dommages-intérêts envers cet acquéreur. Le même arrêt décide que le vendeur ne peut être réputé avoir satisfait complètement à son obligation de ce chef, lorsqu'il a remis à l'acquéreur une copie de lettres et un livre-journal : tous les autres livres de commerce doivent également être remis à celui-ci.

b. Correspondance.

La question de savoir à qui doivent être remises les lettres et dépêches adressées au cédant depuis la cession est plus délicate et les solutions données par la jurisprudence sont contradictoires.

D'après un premier système, le cessionnaire a le droit de réclamer de son vendeur toutes les lettres ayant trait à l'exploitation du fonds de commerce dont il devient titulaire. Par suite, seules les lettres qui ont un caractère personnel au cédant sont soustraites aux réclamations de l'acheteur.

Il y a plus : l'acheteur, dit-on, a le droit d'exiger que les lettres adressées plutôt au fonds qu'au vendeur, c'est-à-dire les lettres dont le caractère personnel au vendeur n'apparaît pas à première vue, lui soient remises directement par la poste (1).

1. Lyon, 18 déc. 1867. Le Hir, 69, II, 215 ; Paris 26 avril 1881. *Annales,* 1882, 191. Trib. Com. Seine, 12 juin 1891, *Gaz. Trib.,* 12 juillet 1891.

Mais, dans une seconde opinion, le droit de priorité qu'aurait ainsi l'acheteur sur les lettres qui semblent adressées plutôt au fonds lui-même qu'à la personne du vendeur, est vivement contesté : on soutient, contrairement à ce qui vient d'être dit, que toutes les lettres adressées au prédécesseur doivent d'abord être remises à celui-ci, sauf au cédant à renvoyer ces lettres à son successeur au cas où elles intéresseraient l'exploitation du fonds (1).

Quant à nous, conformément à un principe que nous avons déjà souvent formulé, nous dirons que c'est aux tribunaux qu'il appartient de décider, au cas de contestation, quelles sont les mesures qu'il y a lieu de prendre pour la distribution des lettres, c'est-à-dire quelles sont, parmi ces dernières, celles dont la suscription entraînera la remise, soit au cessionnaire, soit au cédant (2). Après un certain temps écoulé, les tribunaux pourront modifier le *modus vivendi* qu'ils ont ainsi organisé ; notamment, ils pourront décider qu'à partir d'une époque qu'ils détermineront, les lettres adressées au prédécesseur devront désormais toujours lui être remises, car il y aura alors, à partir de ce moment, présomption que ces lettres lui seront exclusivement personnelles.

H. — *Eléments corporels.*

a) Matériel. — Le matériel garnissant le fonds cédé

1. Paris, 3 juin 1863, *Annales*, 1864, 73.
2. Cass. 10 avril 1866, S. 66. I, 251.

et servant à son exploitation est en principe compris dans la cession.

Nous n'entendons ici que le matériel exclusivement destiné à l'exploitation.

Il a donc été jugé à bon droit que la cession ne pouvait comprendre les lits des employés qu'il plaisait au cédant de faire coucher chez lui (1). De même, à moins de stipulation contraire, le mobilier personnel du vendeur ne serait pas compris dans la cession.

b) Marchandises. — Nous avons eu plusieurs fois l'occasion de dire que, d'après nous, les marchandises se différenciaient du fonds de commerce, comme le contenu se différencie du contenant.

Par suite, à moins de clause contraire, les marchandises ne devraient pas faire normalement partie des objets dont la cession du fonds déplace la propriété au profit du cessionnaire.

Section II

Effets à l'égard des tiers.

Le fonds de commerce étant un meuble incorporel, corps certain, la transmission de propriété en est effectuée entre les parties par le seul effet du contrat de vente, c'est-à-dire par l'échange des consentements.

1. Rouen, 28 octobre 1892, *Gaz. Pal.* 93, II, 42.

Il nous faut maintenant rechercher quels sont les effets de la vente à l'égard des personnes autres que les parties contractantes.

Nous examinerons successivement ces effets :

1° Entre plusieurs acheteurs successifs du même fonds ;

2° Entre un acheteur et un créancier gagiste ;

3° A l'égard des créanciers du vendeur.

§ 1. — *Il existe plusieurs acheteurs successifs du même fonds.*

A. — Il est possible, en premier lieu, qu'un ou plusieurs éléments accessoires du fonds, c'est-à-dire un ou plusieurs éléments autre que l'achalandage, soient vendus séparément. Cette vente d'éléments spéciaux, qui n'a rien d'anormal puisque le fonds n'est qu'une universalité de fait, sera alors parfaite à l'égard des tiers, en ce qui concerne chacun de ces éléments, par l'effet du mode de transfert *erga omnes* qui lui est propre.

a). — Par suite, si nous appliquons les règles de notre législation actuelle sur les choses mobilières, lorsque l'on aura vendu les marchandises qui se trouvent sur le fonds (mais ne constituent pas, suivant nous, un élément du fonds), la prise de possession de ces marchandises par celui qui n'a acheté qu'elles empêcherait celui qui, postérieurement (ou antérieurement sans être en possession), aurait acheté le fonds plus les marchandises, de devenir, vis-à-vis de l'acquéreur des seules marchandises, propriétaire de celles-ci.

L'article 1141 du Code civil est trop formel pour que nous n'admettions pas cette solution ; et d'ailleurs elle s'impose dans notre système d'après lequel les marchandises ne sont pas un élément constitutif du fonds.

b). — De deux acquéreurs du droit au bail, l'un n'ayant acheté que ce droit, l'autre ayant acheté le fonds de commerce comprenant ce droit, c'est celui qui fait le premier au bailleur signification de la cession qui, à l'encontre de l'autre, devient titulaire du droit au bail.

c). — De deux acheteurs, l'un du seul brevet d'invention compris dans le fonds, l'autre du fonds entier y compris le brevet d'invention, celui-là sera préféré qui a, le premier, fait enregistrer la cession à la préfecture, d'après l'article 20 de la loi du 5 juillet 1844.

En résumé, dans notre législation actuelle, l'acheteur d'un fonds de commerce qui ne se met pas aussitôt en possession de tous les éléments de ce fonds, c'est-à-dire qui n'effectue pas aussitôt sur chaque élément les formalités nécessaires pour en déplacer *erga omnes* la propriété à son profit, peut être privé tout au moins pour partie, par suite des fraudes de son vendeur, des divers biens compris dans son acquisition.

B. — Supposons maintenant deux acheteurs successifs du même fonds de commerce, considéré en bloc, c'est-à-dire comme un tout homogène. Quel est celui des deux qui sera préféré ?

Le fonds de commerce étant un meuble incorporel dont l'élément principal est l'achalandage, ce caractère incorporel rend évidemment ici inapplicable la règle : en fait de meubles possession vaut titre.

Par suite, dans les rapports de deux acheteurs successifs, le fait de la mise en possession de ce fonds ne devra pas être pris en considération, quand il s'agira de déterminer celui qui, des deux acheteurs, doit être, par rapport à l'autre, déclaré propriétaire du fonds. Ce sera donc celui dont le titre est antérieur qui sera propriétaire, et cette antériorité sera déterminée en comparant les dates respectives soit des actes authentiques, soit de l'enregistrement des actes sous seing privé qui ont été dressés pour constater la cession (1).

En somme, la situation qu'ont aujourd'hui les deux acquéreurs successifs d'un même fonds de commerce est analogue à celle qu'avaient deux acheteurs successifs d'un même immeuble, dans l'intervalle compris entre la rédaction du Code civil et la loi du **23 mars 1855**.

Nous pourrions donc formuler ici des critiques analogues à celles dont étaient l'objet les ventes d'immeubles avant le rétablissement de la transcription.

Ce sont, par suite, des formalités analogues à celles qui aujourd'hui permettent de rendre les ventes d'immeubles opposables aux tiers que nous désirerions voir introduire dans notre législation. De deux acheteurs successifs, et quelles que fussent les dates respectives de leurs acquisitions, ce serait le premier qui se serait conformé à la mesure de publicité qui, vis-à-vis de tous, serait propriétaire du fonds de commerce.

1. Trib. com. Marseille, 9 juin 1896, *Recueil Marseille*, 96, 1, 236.

Cela posé, comment réaliser une semblable publicité ? Nous croyons, tout d'abord, qu'il faut rejeter le mode de déplacer la propriété vis-à-vis de tous qui résulterait de l'insertion de l'acte de vente dans un journal d'annonces judiciaires, car il faut ici une publicité permanente, et non temporaire comme l'est celle résultant de semblables insertions. Pour nous, la publicité devrait avoir lieu par la transcription de l'acte de cession sur un registre spécial tenu au greffe du tribunal de commerce dans le ressort duquel se trouve le fonds. Ce système présenterait l'avantage de centraliser dans le même lieu et la publicité des ventes et la publicité des mises en gage.

§ 2. — *Le fonds de commerce a fait l'objet à la fois d'une vente et d'un contrat de gage.*

On sait que le nantissement des fonds de commerce est, en vertu de la loi nouvelle, constitué vis-à-vis de tous par l'inscription faite au greffe du tribunal de commerce. Nous avons ajouté que d'après nous, et quelles que fussent les objections que la pratique pouvait soulever sur ce point, cette mesure aujourd'hui nécessaire, était également suffisante.

Cela posé, supposons qu'après avoir constitué un droit de gage sur son fonds de commerce, le commerçant vende celui-ci. L'acheteur, en demandant au greffe si le fonds est libre, pourra connaître le droit du gagiste ; il ne paiera donc pas son prix au vendeur.

Nous avons dit que la loi nouvelle n'indiquait pas ce qui restait à faire. Mais en tout cas, si celui qui se propose d'acheter est allé au greffe avant de contracter, il pourra en général être prévenu de l'existence du gage, à moins que les deux contrats consentis par le commerçant soient très rapprochés.

Mais si nous supposons maintenant que le commerçant vende son fonds, puis l'engage de façon que la mention au greffe du tribunal de commerce soit postérieure à la cession, ce sera le créancier gagiste qui subira ici les conséquences de la fraude, puisque son droit sera primé, dans l'état actuel de la législation, par le droit de l'acheteur, de même qu'avant la loi du 23 mars 1855 toute constitution d'hypothèque était nulle dès qu'elle était postérieure à la vente que le constituant avait consentie.

Dans notre hypothèse il est impossible au créancier gagiste de connaître la vente, qui a eu lieu antérieurement à l'inscription au greffe de son droit de gage.

Nous concluons, ici encore, qu'il serait désirable, pour rendre les ventes de fonds de commerce opposables aux tiers, qu'une formalité analogue à la transcription intervînt, formalité qui, comme celle exigée pour la mise en gage, aurait lieu au greffe du tribunal de commerce.

S'il en était ainsi, les dates respectives de l'inscription (mise en gage du fonds de commerce) et de la transcription (vente de ces mêmes fonds) marqueraient chronologiquement l'ordre dans lequel les tiers pourraient faire valoir leurs droits, les dates des mentions au greffe fixant précisément cet ordre.

§ 3. — *Effets à l'égard des créanciers du vendeur.*

Les créanciers chirographaires du vendeur ne sont pas, à proprement parler, des tiers ; ce sont plutôt des ayants-cause que la fraude seule pourrait transformer en tiers, en leur permettant, au cas d'aliénation frauduleuse du fonds, d'intenter contre l'acquéreur, *conscius fraudis*, l'action paulienne (1).

Nous supposerons désormais que l'acquéreur est toujours de bonne foi.

En principe, lorsque l'acheteur paie son prix de bonne foi, il est en matière mobilière à l'abri de toute recherche de la part des créanciers du vendeur.

Mais il n'en est pas de même en matière immobilière. L'acheteur ne doit pas remettre son prix au vendeur sans avoir pris de nombreuses précautions, notamment sans avoir recherché si des charges hypothécaires ne grèvent pas l'immeuble ; si de semblables charges existent, l'acheteur peut procéder à la purge.

Les fonds de commerce ayant souvent une valeur considérable, les acheteurs de ceux-ci, bien que n'y étant pas strictement obligés par un texte de loi formel, ont, dans un certain nombre de centres importants, coutume d'entourer leurs acquisitions d'une certaine publicité, afin que leur bonne foi soit manifestée d'une manière évidente et qu'ils soient ainsi à l'abri de toute recherche de la part des créanciers du vendeur.

Ces pratiques se sont généralisées et dans beaucoup de villes on les considère comme obligatoires : l'ache-

1. Lyon, 12 mai 1898. *La Loi* du 11 août 1898.

teur fait, dans un journal d'annonces judiciaires, des insertions ayant pour but de donner de la publicité à son acquisition, et de faire courir un délai qui est, en général, de dix jours (1), pendant lequel les créanciers du vendeur pourront faire opposition sur le prix de vente.

Au point de vue juridique quelle est, tout au moins dans les villes où il est généralement observé, la valeur qu'il faut reconnaître à cet usage ? Quelle est la situation des acheteurs qui ont recours à une semblable publicité et quelle est la sanction contre ceux qui la négligent ? Sur ce point, les avis sont partagés.

Dans une première opinion, on considère cet usage comme ayant fini par constituer à la longue une véritable obligation pour le cessionnaire, de telle sorte qu'en ne se soumettant pas à ces formalités et insertions, le cessionnaire commet une faute pouvant engager sa responsabilité.

Un second système enseigne qu'un usage, quelque constant qu'il soit sur une place commerciale, ne peut être l'équivalent d'une disposition formelle émanant du législateur. Cependant cette opinion admet un tempérament : en principe, le défaut de publicité n'engage pas, vis-à-vis des tiers, la responsabilité de l'acquéreur ; mais si le cessionnaire a fait les insertions d'usage, ce dont il peut se dispenser, il est par cela même lié en-

1. Le 31 mars 1868 (S. 69, II. 56), le tribunal civil de la Seine a décidé que le délai de 10 jours qui est toujours spécifié dans les insertions parisiennes comme étant celui pendant lequel les oppositions sur le prix peuvent être formées sur l'acheteur, par les créanciers du vendeur, est *un délai franc.*

Nantet 11

vers les créanciers du cédant comme par une pollicita-
tion ; par suite, il deviendrait responsable au cas où,
avant l'échéance du délai que fixe l'insertion, il paierait
son prix entre les mains du vendeur, alors que, dans ce
délai, des oppositions seraient valablement formées (1).

Ce dernier système nous semble préférable et doit,
suivant nous, être adopté dans les villes qui ont admis
un semblable usage. Ajoutons que ces oppositions sur le
prix sont, en général, formées en dehors de la procédure normale de la saisie-arrêt, que certaines décisions
admettent la validité d'oppositions formées d'une manière quelconque, que d'autres exigent l'observation des
règles de la saisie-arrêt, que par suite, dans la forme,
cette pratique manque d'uniformité. Ajoutons surtout
que dans des centres commerciaux importants cette
pratique des oppositions n'existe pas ; il en est ainsi notamment à Montpellier (2).

Cet usage partiellement établi de publier les ventes
de fonds de commerce, outre qu'il est d'une légalité
douteuse, est donc loin de répondre à toutes les exigences de la pratique.

Tandis que s'il existait, par la volonté du législateur,
une transcription des ventes de fonds de commerce,
transcription qui aurait pour effet de rendre l'acheteur
propriétaire *erga omnes*, on éviterait tous les inconvénients qui viennent d'être signalés, en rendant obliga-
toire, pour l'acheteur, la mise du prix à la disposition des
créanciers du vendeur, pendant un délai dont cette
transcription marquerait le point de départ. Une fois ce

1. Trib. civ. Seine, 9 février 1898, *La Loi*, 6 mai 1898.
2. Trib. com. Montpellier, 15 décembre 1896, *Gaz. Pal.* 97, I, 473.

délai expiré, l'acheteur pourrait sans danger payer le vendeur ; il y aurait là une sorte de purge. Du reste, si les créanciers du vendeur trouvaient le prix insuffisant, ils pourraient, comme au cas de purge ordinaire, former une réquisition de mise aux enchères.

En résumé, la publicité spéciale que l'usage a organisée est absolument insuffisante. Nous avons vu plus haut l'organisation, d'ailleurs imparfaite, de la publicité des nantissements des fonds de commerce. Nous souhaitons vivement de voir organiser aussi, et d'une manière plus complète, la publicité de la vente de ces mêmes fonds car, nous le répétons en terminant, la publicité du nantissement des fonds appelle la publicité qui doit entourer la vente de ces mêmes fonds, comme l'inscription des hypothèques appelait, dans la première moitié de ce siècle, la transcription des ventes d'immeubles.

Vu :

Le Président de la thèse,

CH. LYON-CAEN,

Vu :

Le Doyen,

GARSONNET.

Vu et permis d'imprimer :

Le vice-recteur de l'Académie de Paris,

GRÉARD,

TABLE DES MATIÈRES

Pages

Pages

TROISIÈME PARTIE

De la vente des fonds de commerce.

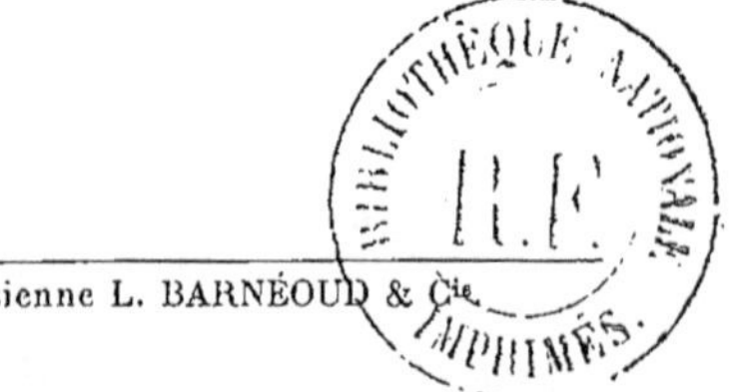